U0073062

統計專家請教教我

文組都會的
簡明
統計學

不必看數學公式
也一點就通！

統計學家 **高橋信**

學生 **鄉和貴**

楓葉社

前言

大家好，我是一個以寫作為生的「超級」文組人。

「文組人」這個名詞，就我的定義來說，並不是指「擅長博雅教育」或著「感性敏銳」之類的流行話題，而是單純指在學生時代就放棄數學的人。更確切地說，是指經歷過難以解決的問題而受挫，從而變得討厭數學的大人。

一旦形成對數學過敏的體質，日後就會變得非常麻煩。哪怕是僅有一點點數學氣息的東西出現在面前，明明問題很簡單，但就是會像條件反射一樣，把思考迴路完全關閉起來，隨即逃之夭夭。讓自己躲在「我是文組人」的謎樣保護傘之下，貫徹堅決拒絕不碰的態度⋯⋯。

這樣的我，想不到最近居然也對「統計學」開始在意起來。

大數據（Big Data）、資料科學（Data Science）、數據驅動（Data Driven）經營等等，在最近的商業圈話題裡，「Data」這個詞總是如影隨行。而且這個時候屢屢和這些名詞一起出現的傢伙就是 —— 統計學（Statistics）。

如果找來一群討厭數學的人（別名：文組人），根據這些人的觀點做出「看似十分便利卻不太清楚內容」的學科排行榜，恐怕統計學會是進入前三名的學科（另外兩個為量子力學和人工智慧，根據筆者的想像調查）。

尋覓書店的財經書籍，每當「統計學」的字眼映入眼簾時，我總是心想：「啊，怎麼又是這玩意兒？的確啦，如果能理解統計學的話，對於生活應該相當有幫助吧？只可惜我是文組人，別想這些傻事了。」於是在腦內華麗地轉身，對這類關鍵字視若無睹。是的，其實我很在意。

某一天，編輯K小姐把我找了出來，她開門見山地說：「我想到一個有趣的企畫。」

 我想做一本純粹文組人也能看得懂的統計學入門書。因為統計學怎麼説呢……感覺好像很方便嘛。只不過，要問我具體內容有哪些，我也無法解釋就是了。呵呵呵。

如各位所料，K小姐也是個純文組人。

兩個文組臭皮匠湊在一起構思企畫，也贏不了諸葛亮的。

之後過了幾天，我們找上本書的老師──高橋信先生，和他約好一起商量。附帶一提，高橋老師是知名的統計家，也是暢銷書《世界第一簡單統計學》系列（中文版由世茂代理出版）的原作者。

當時的對話帶給我很大的衝擊（部分內容與正文略有重複），所以我想在這裡向各位介紹。

....

 統計學所謂的入門書，在討厭數學的人眼中看來，一點都沒有「入門」的感覺，反而讓人覺得像是吃了閉門羹……。

 是啊，那是因為世上的入門書都是針對「在大學初次學習」的人，也就是在徹底掌握高中數學的前提下來進行討論。對於國高中就放棄數學的人來說，根本不可能把整本書讀完一遍。

  統、統計學果真有那麼難!?

統計學並沒有假設讀者是討厭數學的人喔。

這表示……統計學並非在數學基礎上受挫的我們所能夠使用的工具嗎……？

用簡單的說法來說，這就像討厭運動的人去摔角道場要求入門一樣困難。

哇哩咧！（臉紅）可是市面上不也有標榜『用這本書學習足以應用於商務上的統計學』這樣的書嗎？所以我在想，這次的企畫是不是也能以那種感覺的風格來製作……。

你想太多啦，一本書根本學不完吧（苦笑）。你們可別太小看一門學問了。

（真傷腦筋，這樣該怎麼進行下去啊……）……呃，總之，能不能請您用簡單易懂的方式，為討厭數學的人全面介紹一下統計學呢？這個企畫就算要分成上下兩集也無妨（笑）。

簡單易懂倒也不是不行，但統計學的世界比你們想像的要廣闊得多，如果要面面俱到，一套十集的叢書也不可能包羅萬象。

這樣啊……（淚）。

你們不必露出愁眉苦臉的表情啦。確實有些統計學的知識，即使是討厭數學的人，也應該視為現代人應具備的教

養來瞭解一下比較好。統計學絕非一門簡單的學科，這也是其中原因之一（笑）。

那麼事不宜遲，請給我一些時間，讓我思索一下不擅長數學的人也能讀完一本書的課程綱要吧。

....

這樣一來，我們「想輕鬆愉快地學習統計學！」這種抄捷徑的想法輕而易舉地就被打了回票。但是老師的課程不但讓我們獲益匪淺，也非常刺激，他的一席話更令我們茅塞頓開。

我這次從高橋老師那裡學到的，只是統計學其中一小部分。

不過，我已經掌握了統計學是一門什麼樣的學問，以及在什麼情況下能發揮作用的大致輪廓；我也清楚瞭解到統計學的難度及其限制。如今我也可以使用Excel進行複迴歸分析了。

其中最大的收穫，莫過於學到如何在資訊社會中生存下去。

舉例來說，我過去一直認為「數值化的東西」就等於「數據」，而「數據」正是「事實」。但到了後面我才知道，世上沒有經過正確統計處理的「模擬調查」正在社會上蔓延開來。

此外，我也因此得知，論文這種在外行人看來像是「依據事實」的內容，其實有些也是隨隨便便地敷衍過去。

對於討厭數學的人來說，統計學是一門高不可攀的學問，這個認識雖然沒有改變，但只要能稍微窺視一下這個世界，得到的收穫想必會遠遠超乎你的想像。

每個和我一樣的文組人，請務必通過本書來瞧瞧那個世界吧！

感覺自己正成為不被數據牽著鼻子走的人

鄉和貴

Contents

文組都會的簡明統計學

第1天 歡迎來到統計學的世界

第1堂課 統計學是什麼樣的學問？

第2堂課 統計學有各式各樣的分析方法

第 2 天 別被「模擬調查」牽著鼻子走！隨機抽樣法

第3天 掌握資料的感覺！
數值資料篇

第1堂課 看到資料，第一步是先掌握感覺！

第2堂課 試著將「資料的分散程度」數值化

其實近在你我身邊？
資料的「標準化」

第4天 掌握資料的感覺！
類別資料篇

掌握類別資料，
就從「比例」抓住感覺！

第5天 使資料視覺化！常態分布

第1堂課 資料變得一目瞭然！直方圖與機率密度函數

第2堂課 試著瞭解最重要的常態分布！

第
6
天

實踐！
試著估計母體的比例

第1堂課

根據樣本資料
來估計母體的比例！

第7天 實踐！嘗試進行複迴歸分析

什麼是統計假設檢定？

登場人物介紹

授課者

高橋信 老師

統計學的專家。不知何故，他還曾在中國擔任過日語老師，是個擁有謎樣經歷的人。明明沒有任何人拜託，自身也沒有拿給其他人看的打算，卻在學生時代製作出適合國高中生使用的數學教材。

受教者

我（鄉和貴）

以寫作為生的純文組人

國中時期的數學成績一塌糊塗，曾在高中的微積分考試中拿過零分，從此徹底斷絕了理組之路。從那之後，再也不碰任何牽扯上數學的事物。雖然對數學過敏，卻想試著瞭解近年來很流行（？）的「統計學」。

責任編輯

「統計學似乎很方便！只是我也不太清楚到底有多好用就是了！」帶著這種曖昧想法，就擅自把我牽扯進來的罪魁禍首。

第 1 天

歡迎來到
統計學的世界

Takahashi
CLASS

統計學是什麼樣的學問？

近年來蔚為話題的「統計學」，對於文組人來說，光看到數字就讓人感到退避三舍，若再提到統計學，難度似乎還要更高……。總之，首先從弄清楚「統計學是一門什麼樣的學問」這方面開始著手吧。

▷ 近百年來大幅發展的學問

 高橋老師您好。欸～從您統計學老師的頭銜來看，我還以為您會是個非常嚴謹拘束的人，沒想到今天竟然穿著一身T恤現身，而且還是帶有飯糰圖案的T恤（笑）。

 因為我是新潟縣出身的，新潟的米很美味喔（笑）。別提這些了，讓我們言歸正傳。鄉先生，你對統計學有多少認識呢？

 完全沒有接觸過（秒答）。我曾經因為某根筋不對勁，而買了一本統計學的入門書來看，不過當我看到一組看似彷彿

間諜暗號的公式之後，瞬間
就把書闔了起來。

我只要一看見完全不懂的文字或符
號，就會喪失弄清楚其背後意義的
動力。該說這是文組人的習性嗎
……。

喔喔，你大概是看到希臘字母、矩
陣或積分吧。這些對於非理組的人來說確實看起來很痛苦。

門檻太高了啦～（哭）。
老師請問一下，自古以來就有統計學嗎？

我不是歷史學家，所以對這方面不是很清楚，但統計學在這
一百年裡似乎有很大的發展。

喔～對了，老師，我最近總感覺統計學變得備受矚目，您知道
是什麼原因造成的嗎？

我也覺得很好奇。我想**可能是和大數據這個概念被炒得沸沸
揚揚有很大的關係**。

企業和政府機關受益於科技的進步，如今已經能夠自由自在地
收集各種大量數據。如果把這些資料放著不用實在有點可惜，
為了要充分利用，必須用到統計學的知識，因此人們才會爭相
學習，給我的感覺大概就像這樣。

⇨ 什麼場合會用到統計學？

我有個問題，統計學實際上會用在哪些地方呢？

 我舉一個常見的例子，你聽過民意調查吧。假設調查的是內閣支持率，支持率和上個月相比減少了幾個百分點，幾乎主要的媒體都會對此大肆報導。

 喔？原來那個就是統計，還有其他的例子嗎？

 商業領域也會用到統計學。舉例來說，下面這張圖是市場調查（Market Research）的範例之一，這是通過調查「哪個年齡層的人最常利用哪種社交軟體」，來進行「**對應分析**」（Correspondence Analysis）的結果。

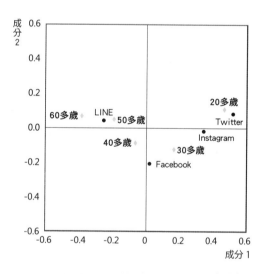

 這是20多歲的人最常使用Twitter，50多歲的人最常使用LINE的意思嗎？

沒錯！

 雖然乍看之下讓人有些困惑，但仔細一看就<del>超級容易理解</del>。

 是的，**正是因為非常容易理解，所以當企業討論要在哪裡投放廣告時，統計學就能派上用場**。譬如「給20多歲的年輕人看的廣告，放在Twitter比較合適」等等。

 經過視覺化處理後，說服力就截然不同了耶～

⇨ 醫學和心理學也廣為運用

 統計學也可以應用在市場調查以外的其他領域當中嗎？

 這是當然了。比如醫學方面。假設有服用藥物A和藥物B的人，在判斷哪種藥物的效果比較好時，將兩者的數據進行比較，這時統計學就會派上用場。
基於這類目的而使用的分析方法，就是許多統計學入門書中都有提及的「**統計假設檢定**」。

統計假設檢定又是什麼鬼？？？

嗯，我用例子來說明好了，假如某家飲料廠商研發出一款據說對乾眼症有效的成分。他們讓受試者每天喝一瓶含有這種成分的飲料，連續喝四個星期，結果如下圖所示。

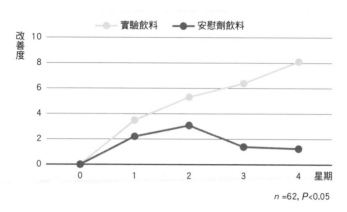

$n = 62$, $P < 0.05$

我不知道該怎麼解釋這張圖的意思（笑）。

這張圖其實一點也不難。橫軸表示經過時間，縱軸表示改善程度。曲線愈往上，就代表效果愈明顯。

這是實驗飲料和安慰劑飲料的比較圖。所謂的安慰劑飲料，是指除了不含對乾眼症有效的成分以外，其他成分和實驗飲料完全一模一樣的假飲料。受試者無從得知自己所喝的飲料究竟是安慰劑飲料還是實驗飲料。

眼睛變得
潤澤透徹～

雖然是假飲料，卻讓乾眼症稍微獲得改善（笑）。

這就是所謂的「安慰劑效應」。值得一提的是，這張圖的下面寫有「$P < 0.05$」等字樣，這是統計假設檢定的分析結果，簡單來說就是「**認可具有統計學意義上的差異**」的意思。

喔～對了老師，我有點好奇，難不成所有的醫生都必須對統計學瞭若指掌？

大部分的醫生應該都在學生時代或多或少學過一些基礎。大家的頭腦都很優秀，所以應該沒有什麼困難。

只不過，目前的體制並不能讓所有的醫學生都學習到艱澀高深的統計學內容，如果畢業之後因為寫論文等原因需要進行分析的話，可能有些人會委託專業公司代為分析。

我對這類實例有很大的興趣。

那我再舉個心理學方面的例子。在心理學中，統計學經常在摸索和驗證因果關係的時候受到運用。

請看下面這張圖。這個例子或許有點和心理學沾不上邊，這是關於醫院綜合滿意度的調查。箭頭用來表示因果關係，箭頭的根部是原因，前端則是結果。

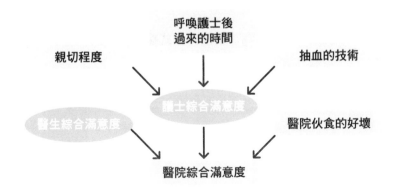

為什麼這張圖有四方形和橢圓形的區分呢？

 四方形裡面的文字，是用來表示問卷調查等資料。以「親切程度」為例，可以想成是向病人提出「請對這家醫院的護士親切程度進行評分，最高五顆星，最低一顆星」這樣的問題，然後將病人的回答輸入到 Excel 當中。

 那麼橢圓形內的文字又是什麼？

 分析者認為「假設存在這個數據，就能充分解釋兩者之間的因果關係」，亦即想像中的變數。

 想像中的變數？ 我們也能把這些納入分析嗎？

 當然可以。不過，這張圖中的因果關係，始終只是我的假設。我的假設是否真的符合實際現狀，可以利用統計學來進行驗證。

 好厲害！

 這裡會用到名為「**結構方程式模型**」的分析方法。順帶一提，這個方法用到的數學難度相當高。

 我畢業於文學院，應該多少也學過一些心理學，不過這個叫作結構什麼的我還是第一次聽說（苦笑）。

⇨ 統計學一點也不簡單！

 我雖然已經知道統計學可以應用在各種領域，但有點好奇大家是在什麼時候開始接觸的？

 這個就要看學習的領域了。如果是大學的理組學院，姑且不論學到哪個程度，我想大部分的人都會接觸到統計學吧。

即使是文組學院，比方說心理系，也會學到十分複雜的分析方法，所以不能用文組來一語概括。

 喔 ——。

 然而，從數學的角度來看，文組學院自不用說，在我的印象中，理組學院也有不少學生會在學習統計學的過程中跟不上腳步。

 咦，理組學生也會這樣？為什麼？

 那是因為不知道能用在什麼地方。

當要**認真地說服他人**，例如說明「藥物 B 比藥物 A 更有效」、「如果要在報紙上刊登廣告，刊登在國際版最合適」的時候，統計學就經常被拿出來作為引用的材料。又或者是進行簡報、競賽、提出預算折衷方案等方面，總之，有不少人都會在這些場合利用統計學來說服其他人。

然而，對於學生來說，需要使用數據來認真說服他

人的情況，事實上並不常遇到。所以縱然認真學習，也會因為缺乏現實感，而無法徹底記在腦海中。

 確實沒錯，在我還是學生的時候，說不定從未遇過需要認真地說服他人的場面……。

 學生們帶著「學習這些內容有什麼用？」的疑問，在不明就裡的情況下在課堂上學習，出社會後又在對統計學一知半解的情況下就職。

然後某一天上司突然說：「未來是資訊的時代，你在學校學過統計學，分析資料對你來說應該是小菜一碟吧？」之類的話，而被委以重任。事實上卻是徹頭徹尾的外行人，此時只能無語問蒼天……。

 講到這裡，也許有些讀者會拼命舉手搶答：「對，那個人就是我！」

 是吧。

 唔 —— 我不知道該怎麼說……。截至目前為止，我覺得自己只學到「統計學的門檻似乎很高」這件事欸（淚）。

我沒有意思要嚇唬你，但還是要先請你做好一定程度的心理準備會比較好。

（果然是這樣啊……）那麼老師請問一下，學習統計學需要具備哪種程度的數學知識呢？果然還是需要大學程度嗎？

高中的理組數學可算是一種衡量的標準。只要能充分掌握高中的理組數學，就足以作為學習各種分析方法的基礎了。基本上都能應付得來，即使感覺受挫，也可以大致想像出「原來這個概念就是這麼回事」。

不過，如果國中數學沒有學好，或者只有高中的文組數學程度，那麼不管怎麼做，頂多也只能**學到統計學的皮毛**。

我的天吶……。這本雖然是針對像我這種文組人製作的書籍，但我不禁懷疑它是否真的能讓我理解統計學基礎中的基礎……？

沒問題。包在我身上！

只不過，這裡我要將醜話先說在前頭，那些在國高中階段時就不擅長數學、出了社會之後也和數學保持距離的人，如今才想要從零開始學習統計學，希望學會運用各種分析方法來處理資料，或者在短時間內學會分析大數據……這無疑是癡人說夢，**難如登天**。

您居然用**難如登天**來形容！我現在有一種被果斷放生的感覺……。

不妨想像一下。假如鄉先生有個年過四十的好友，他帶著一本『重頭學習國中英語的書』，對你說道：「我想從現在開始學習，以成為口譯員為目標！」聽見好友抱持這樣的夢想，你會怎麼回答？

流利溝通～

通常我都會鼓勵對方：「希望你的夢想能夠成真。」但因為對方是好友，所以我想我應該會直言不諱地對他說「你少癡人說夢了，快點醒醒吧！」

人生十分漫長，如果下定決心要從國中數學開始重頭學起，花上10年左右的時間踏踏實實地學習統計學，那還另當別論。但實際上這種事可能發生嗎？嗯～不好說吧。

既然您都說得那麼斬釘截鐵……。我明白了。雖然時間很短，但承蒙您的照顧，在下就此告辭。

慢著慢著，別急著走啊（焦急）。
在我看來，書店裡用「只要閱讀這本書，初學者就能輕鬆快樂地學會統計學！並將其靈活運用於工作當中！」這種方式宣傳的書，根本就是在欺騙讀者。

統計學的入門者首先必須要瞭解的事實，就是「**從數學的角度來看，統計學並非一門簡單的學問**」。

➡ 提升數據素養！

 如果說統計學的難度很高，那麼老師的課程是以什麼為目標呢？

 一言以蔽之，就是提升鄉先生的「對於數據的素養」。

 素養？

 是的。如果不具備數據素養（Data Literacy），就很容易被資料牽著鼻子走。

 這句話是什麼意思？

 舉例來說，當我們看到調查公司公布的問卷調查結果，或是研究人員撰寫的論文時，就會認為「原來是這樣，這就是事實啊！」並對這些內容深信不疑。

欸——
居然還有這種調查
結果啊～

看起來
很厲害的
調查

 咦，難道我們不能完全相信這些問卷調查嗎？

我在這裡舉一個例子吧。剛才不是有提到內閣支持率的話題嗎？事實上，幾家主流媒體所報導的內閣支持率的數值，其實都是騙人的。

咦!?

例如，根據NHK的調查，2020年7月的內閣支持率為36%。但我可以一口斷定這個數值是騙人的。你知道為什麼嗎？

是調查的方法有問題之類的嗎……？

並沒有你想像中的那麼複雜。為什麼我可以一口斷定是騙人的呢？因為NHK根本就沒有問到我是否支持的緣故。明明我也是選民欸。

這麼說來，我也從未接受過調查。應該說，我這輩子完全沒被民調單位調查過。

鄉先生也一樣嗎？不管怎樣，根據NHK的統計，36%這個數值是騙人的。但但也不能斷定這就是胡說八道。

在統計學中，**由所有調查對象組成的群體，我們稱為「母體」**。以內閣支持率為例，就是指日本全體選民。如果NHK想知道真正的內閣支持率的話，就必須對日本所有的選民一一詢問才行。

可是如果NHK每個月都要聯繫所有的選民，詢問每個人「您支持現在的內閣嗎？」就現實情況來看不是很麻煩嗎？

是的。那麼NHK該怎麼做呢？他們只能從母體中挑選出一些人，再詢問這一群人的意見。**這些被挑選出來的人，所組成的群體就稱為「樣本」**。順帶一提，在統計學中，挑選樣本不說「選出」，而是用「抽出」來表示。

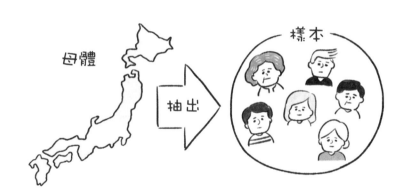

我明白了。

在統計學中，我們可以用「從母體中公正地抽出樣本，得到內閣的支持率為▲％，所以母體的內閣支持率大概也和這個數字相去不遠吧」這樣的觀點來推測。

 總而言之，如果有人問統計學是一門什麼樣的學問，我們可以用**根據樣本資料來推測母體狀況的學問**這句話來解釋。

 「母體差不多也是這種情況吧」這種想法也太樂觀了吧，總覺得心裡有些疙瘩……。

 我能理解鄉先生煩躁不安的心情。「既然樣本的內閣支持率是▲％，那麼母體的內閣支持率差不多也是同樣的情況吧」，如果想讓這個推測成立，**大前提是樣本必須從母體中毫無偏頗地抽出才行**。

您的意思是説，「所有樣本均為年齡高達80歲以上的老爺爺和老奶奶」或「所有樣本均為年收入超過2,000萬日圓的精英分子」，舉凡這些樣本都是有問題的吧？

沒錯。如何以公正無私的方式從母體中抽出樣本，做法我會在第二天的課程裡面詳細説明。

⇨ 統計學分為兩種類型

根據樣本資料來推測母體的狀況，原來這就是統計學啊。

其實統計學分為兩種類型，分別是「推論統計學」和「敘述統計學」。剛才介紹的內容屬於推論統計學的範疇。

那麼，什麼是敘述統計學呢？

它是指沒有推測這種想法的統計學。更確切地説，**這是一種通過整理數據，盡可能以簡潔明瞭的方式來呈現群體狀況的統計學**。

內容是什麼……？

譬如，計算30歲以下的人口占全體人口的比例，或者學校老師計算班級的平均分數等等。

原來如此！敘述統計學確實不是以推測母體為目標耶。

你可曾聽說過「貝氏統計學」？

 不，我完全沒聽過這個名詞。

 我在這裡稍微說明一下給你作個參考吧。

我在課堂上講解的統計學，是一般的統計學，也可以說是普通的統計學，而與之相對的就是貝氏統計學。

 與之相對是什麼意思？

 這兩種統計學的關係就有如右手和左手、關東和關西、職業棒球的中央聯盟和太平洋聯盟，並非代表哪一方更了不起或更厲害的意思。

 學校教給學生的是哪種統計學？

 到高中為止，都是以一般統計學為主。大學原則上也是如此，但有些領域會視情況而有所不同。在經濟學、心理學、機器學習這些領域，應該或多或少都有機會接觸到貝氏統計學。

 一般的統計學和貝氏統計學有哪些地方不同呢？

主要在於**對機率的觀點不同**。

 機率？？？

 是的。為了讓大家能夠理解，我準備了兩個問題，請大家試著從中思考一下。首先是第一題。

問題1 擲一顆形狀絲毫沒有歪斜、結構精密的骰子，試問出現1點的機率是多少？

 老師，您是不是有點太小看我的數學能力了？
答案想都不用想，是 $\frac{1}{6}$ 吧？

 答對了！那麼再看第二題。

問題2 附近新開的那家拉麵店，能堅持到一年後不倒閉的機率有多少？

 咦？？？這種事誰會知道啊。

答不出來了吧。骰子想擲幾次都沒問題，但拉麵店不可能連續不斷地一下開幕一下倒閉。

那是當然的吧。

可是，當我們在日常生活中遇到像問題2那樣的場景時，卻有辦法輕而易舉地給出答案。

打個比方，有些人可能會說「那裡之前也曾開過便利商店和百元商店，但在那棟大樓一樓開設的商店，別說是一年，有的甚至不到半年就倒閉了，所以那家拉麵店肯定也會面臨相同的命運」。

換句話說，**對於抱持這種觀點的人而言，問題2的答案就會是「0」**。

嗯嗯。

另一方面，可能也有人會這麼想。

「昨天才剛去過那家拉麵店消費，感覺東西很好吃，現在外面也排著長長的人龍，撐過一年應該不成問題吧」。

對這個人來說，問題2的答案就會是「1」。

這麼說起來，對於那些「感覺好像撐得過去，又好像撐不下去」這種猶豫不決的人來說，問題2的答案不就會變成「差不多是 $\frac{1}{2}$」嗎？

是的。
將這類**「個人信念的程度」**解釋為機率，就是貝氏統計學的
做法。

總是撐不了多久
就關門大吉……

真好吃！

 原來是把個人信念的程度這種「主觀」當成機率
啊。真是嶄新的做法！

統計學
有各式各樣的
分析方法

統計學的分析方法，除了先前老師所介紹的方法之外，還有各式各樣的類型。下面就讓我們一一來介紹。

⇨ 代表性分析方法① 複迴歸分析

 老師您方才提到分析方法有很多種，可以舉例內容有哪些嗎？

 下面先大致簡單地介紹一下三個代表性的分析方法。

- 複迴歸分析
- 邏輯斯迴歸分析
- 主成分分析

 這些名詞我一個也沒有聽過……。

 首先介紹「**複迴歸分析**」（Multiple regression analysis）。
例如牛丼連鎖店或超市這類商店，若想根據「店鋪面積」、「離

最近車站的距離」、「商圈人口」
來預測「每月營業額」時，就會
使用複迴歸分析。

通過複迴歸分析，我們可以推導
出類似下面這樣的公式。

$$y = 2.2x_1 - 5.4x_2 + 48.1x_3 + 305.2$$

↑   ↑   ↑   ↑

每月的　　　　店鋪面積　　　離最近車站　　　商圈人口
營業額　　　　　　　　　　　的距離

 嗚哇！

 你冷靜一點，這個公式並沒有寫得很複雜吧。我們只要分別將
x_1、x_2、x_3的值代入這個公式當中，即可預測出「每月的營業
額」，也就是y。

 這個公式是利用什麼資料推導出來的？

 資料是來自既有店鋪的數據。

 喔～

 複迴歸分析將在課程的最後一天再進行詳細説明。

不知道我有沒有辦法理解……？

這是當然了。我會簡單扼要地說明，這點你不必擔心。

如果我還是看不懂的話，那就把最後一天的課程內容刪掉吧（笑）。

⇨ 代表性分析方法② 邏輯斯迴歸分析

接下來介紹**「邏輯斯迴歸分析」**（Logistic regression analysis）。

Logistics……物流？

不是這個意思啦（笑）。
這是一種**用來預測機率的分析方法**。

比如什麼樣的機率？

舉例來說，像是點擊廣告的機率、罹患某種疾病的機率、贊成法案的機率等等。
我們可以根據「年齡」、「性別」、「職業」等資料，透過邏輯斯迴歸分析來推導出公式，這樣就能預測出這個年齡的人、那個性別的人或那種職業的人點擊廣告的機率。

像是「山田先生點擊廣告的機率有79%！！」這種感覺嗎？

是的。只不過，計算出來的機率不是79%，而是用0.79這樣的小數來表示。

我先提醒你一聲，用邏輯斯迴歸分析所導出的公式，我怕對文組人來說會有點刺激……你想看看嗎？

 我準備好了！

 那好吧……（瞄）。

$$y = \frac{1}{1 + e^{-(a_1 x_1 + a_2 x_2 + \cdots + a_p x_p + b)}}$$

 我投降啦（笑）。
那個e是什麼鬼東西啊？而且，為什麼右上的次方還帶著負號？

 這裡的e叫作**「自然底數」**，它是2.7182…這個無限不循環的小數。

 就像圓周率的π一樣嗎？

 是的。順帶一提，自然底數還有個較少見的名字，叫作納皮爾常數，用來紀念16～17世紀的數學家約翰・納皮爾（John Napier）。

代表性分析方法③ 主成分分析

 接著看下一個分析方法，也就是「**主成分分析**」。這也是相當主流的分析方法，在**創造「綜合能力」這類變數**時會用到。

 創造？我有點丈二金剛摸不著頭腦……。

 舉例來說，假設我們根據國語、數學、自然、社會、英語這五個學科，創造出「綜合學力」的變數。鄉先生會怎麼做？

 如果各科滿分都是100分的話，那麼只要單純將五科加起來的總分判斷為「綜合學力」，這樣不就可以了嗎？

 原來如此。請想像一下資料輸入到Excel會是什麼模樣。第一列輸入的是學生的名字，第二列到第六列則是輸入每個學生五項科目的分數。看出來了嗎？Excel中並沒有鄉先生所思考的「綜合學力」這一列資料喔。

	國文	數學	自然	社會	英語
學生1	64	67	69	46	85
學生2	96	52	59	100	93
學生3	87	54	85	77	62
學生4	78	78	96	63	88
學生5	90	53	98	54	51
學生6	83	95	98	68	53
學生7	84	99	90	70	79
學生8	96	83	100	87	76
學生9	77	76	68	82	54
學生10	76	95	81	73	94

 好的。

那麼，假設在Excel新設置鄉先生所思考的「綜合學力」一列，將每個學生的五科總分輸入其中。

這就相當於，我們在資料中創造出名為「綜合能力」的新變數和數據了吧。

創造出來了！

國語	數學	自然	社會	英語	綜合學力

 原來如此，這就是主成分分析中「創造」的意思。

 是的。不過，利用主成分分析來創造「綜合學力」的時候，並非用五科的總分，而是透過主成分分析特有的方法來計算。

 嗯～除此之外，主成分分析還會用在哪些場合呢？

 我想想，根據「觀眾人數」和「Twitter 轉推數」等資料，創造出「2019 年上映電影的綜合人氣度」，這個點子怎麼樣？

 喔，感覺起來似乎很有趣呢。

 綜上所述，以上所介紹的，就是統計學中具有代表性的分析方法。

千萬別陷入「大數據」的迷思中！

在這個人工智慧的時代，大數據讓人們的生活變得更加美好。應該有不少人都是在對大數據迷迷糊糊的情況下抱持這樣的想法吧？然而根據老師的說法，事情似乎沒有那麼單純……？

⇨ 只要有大數據，任何問題都能解決……？

當前是大數據的時代，由於資料量爆炸性的成長，有用的分析結果應該也會和資料量成正比，隨之出現飛躍性的成長吧。

有很多人都會抱持這樣的誤解，但事實並非如此。
或許大部分的人都認為「只要擁有大量資料，應該就會產生某些好的結果」，但這個想法只是一種迷思。

譬如，即使手上有 4 千萬瓶醬油和 6 億袋砂糖，也未必能做出什麼好吃的東西，最起碼絕對做不出咖哩。

那麼，究竟要怎麼樣才能做出咖哩呢？一開始得先決定要做的是咖哩，然後收集需要的食材，對這些食材進行料理。

這話倒也沒錯，就算有再多的醬油和砂糖，我也做不出咖哩。
換句話說，**即使擁有大量的資料，只要這些資料不合乎分析的目的，也就完全派不上用場。**

 是的。順帶一提,我曾經在一家數據分析公司工作過,當我在那家公司服務時,我就對這方面感到有些在意。

 怎麼說?

 委託分析的人,恐怕是因為自己無法進行分析,所以才會委託公司來做。

要委託公司來分析資料倒還不打緊,我比較在意的是,似乎大部分的人都誤以為:「包括高橋的公司在內,這些數據分析公司都是很厲害的知識集團,只要付錢和提供數據給他們,就能得到奇跡般的分析結果。」

甚至有些客戶會擺出一副「你是廚師吧,我付你錢,你給我想個辦法用這 1 萬根胡蘿蔔做點好吃的東西吧」的態度。

 社會的數據素養竟如此低劣?

 很遺憾,大部分的人素養實在稱不上高。

⇨ 數據驅動經營的困難點

 大型企業是不是都有一套獨家研發而且又複雜的分析方法,好用來制定戰略呢?

 我這麼說好了,如果是大型電機製造商的研究所,一定會找來大量擁有豐富統計學知識的人才。
有數據科學家或數據分析師等頭銜的人,大多數都是畢業於名校的理組學院,所以應該都具備相當程度的統計學知識。

然而,在大型企業中,比如市場調查這類部門,又是找來哪種類型的人才組織而成?
假設把不擅長數學的員工分配到這類部門,說不定過沒幾年又會面臨調職,如果說是因為被調到這類部門才特地開始學習統計學的話,大概也成不了什麼氣候吧……。

 所以您才覺得奇怪嗎?

說個15年前的故事，當時我曾受到知名企業的這類部門邀請，負責擔任研討會的講師。

我到了那裡才知道，臺下的人竟全是中國人。用日語對著中國人講授統計學，對我來說是一次很寶貴的體驗。其中還有幾位男性穿著時尚西裝、帶著眼鏡，看起來氣質不錯。

這些都不是重點，因為對方專程找我過去講授統計學，我當然很自然地判斷對方不具備什麼統計學的知識。

確實如此。這樣的話，實際上不懂統計學的負責人，是如何委託分析和檢查交付的貨物呢？

我不直接回答你的問題，這裡用我從前遇到的事來說明。請聽我娓娓道來。

老師您請說。

我曾經接到一份工作，那是某家大企業委託某家公司做分析，然後那家公司又委託我所任職的公司進行分析。

總承包商將分析工作完全丟給分包商去做的意思嗎？

是的。我把分析的結果解釋給總承包商的負責人聽，但對方卻完全無法理解。

最後，那名負責人索性懇求我說：「不如您假裝是我們公司的員工，我們一起去找對方，由你來進行彙報好嗎？」當時我還是公司的菜鳥，完全不知道該怎麼回應對方的請求。

後來您怎麼辦？

 我去找上司商量，結果被他狠狠地訓斥「不能這樣」。現在回想起來，這也是理所當然的。

 結果怎麼樣了呢？

 我幫總承包商的負責人設計好「把分析結果的這個部分，用這樣的方式向對方說明即可」等內容，沒有陪同對方出席報告會議。

 那位負責人在報告的過程中，想必心裡一定很緊張吧。

 我想也是。
不過我認為，姑且不論這位負責人的內心想法如何，委託人聽到這樣的報告可能就很滿意了。

 為什麼您會如此認為？？

 希望我一起出席報告的總承包商負責人，雖然自己根本不知道自己在說些什麼東西，但他仍會按照我設計好的內容進行報告。

對方的負責人，或者是他的上司，因為都缺乏統計學的知識，即使聽了報告內容，大概也搞不懂究竟是在說些什麼，但他們會根據結果做出「既然委託人都說結果不錯了，那就照這樣進行吧」、「那麼就基於這個結果來思考本公司今後的做法吧」這些判斷。

依我的經驗來看，這是完全有可能發生的。

 ## 這、這樣沒問題嗎!?

 起碼在短期內不會引發什麼大慘劇。倒不如說，委託人也對分析結果抱持肯定的態度，心滿意足地接受了，總承包商公司也收到款項，這對雙方來說不是皆大歡喜嗎？

實際分析過資料的我，不禁問自己：「社會上的人都是這麼做事的嗎？」心裡對此一直想不通……。

 這種狀況該不會是日本特有的現象吧？

 哎——誰知道呢。
不過，試著去想像說不定就是這樣，我認為也不是白費力氣。
誰教近年來大家都老是把全球化掛在嘴邊呢。

通過這本書來提升數據素養吧！

想要精通統計學，學習的道路可說十分漫長，但如果是**為了提升數據素養的話，絕對花不了多少時間**。

我希望鄉先生能在我的課程中學到下列內容。

第 1 天　【提升素養】
　　　　瞭解統計學的概要　←今天的課程！

第 2 天　【提升素養】
　　　　瞭解隨機抽樣的重要性

第 3 天　【基礎知識】
　　　　掌握資料的感覺　前篇

第 4 天　【基礎知識】
　　　　掌握資料的感覺　後篇

第 5 天　【基礎知識】
　　　　瞭解常態分布

第 6 天　【實用技能】
　　　　估計母體的比例

第 7 天　【實用技能】
　　　　利用複迴歸分析預測未來

 內容還真多呢（汗）。

 第2天的內容是獨立的，**光看這一天的課程內容，我想就會讓讀者對事物產生截然不同的看法。**

說得更極端一點，對於只想大致感受統計學氛圍的人來說，搞

不好看過今天和明天的課程就已經足夠了。

不過我認為，既然機會難得，我還想在這裡介紹一些實用的分析方法。我精心挑選出兩個分析方法，特別放在最後兩天講解，分別是第6天的「母體比例估計」和第7天的「複迴歸分析」。第3天到第5天的課程，是以瞭解這些分析方法的基礎為主。

第3天和第4天的「掌握資料的感覺」是什麼意思呢？

用料理來比喻的話，就好比蔬果削皮、肉類切割之類的事前準備工作。希望讀者能在這兩天把處理資料時不可或缺的知識都牢記在心。

我明白了。那麼第5天的「常態分布」又是什麼？

此刻很難用三言兩語來解釋，所以還是留待上課的當天再介紹吧。

好的。

就算僅靠這七天學到的知識，也一定會對今後的工作和生活帶來幫助。

就請大家暫時花一段時間，沉浸在統計學的世界裡吧。

請您多多指教！

➡ 由所有調查對象組成的群體,稱為「母體」。

➡ 從母體中挑選出來的人所組成的群體,稱為「樣本」。挑選樣本的行為是以「抽出」來表示。

➡ 統計學可以分為「推論統計學」和「敘述統計學」兩種。

➡「推論統計學」是從抽樣資料中推估母體狀況的一門學問。

➡「敘述統計學」是盡可能將資料整理得簡潔明瞭,以呈現群體狀況的一門學問。

➡ 即使擁有大量資料,只要這些資料不合乎分析的目的,也就完全派不上用場。

➡ 提升數據素養的學習道路,絕對沒有想像中的那麼漫長。

第 2 天

別被「模擬調查」牽著鼻子走！
隨機抽樣法

Takahashi CLASS

LESSON

第 **1** 堂課

調查的可信度 就以「隨機抽樣法」 來決定！

提升數據素養的第一步，就是理解什麼是「隨機抽樣法」。大家一定要學會分辨日常生活中常見的統計調查結果是否真的值得信賴！

⇨ 千萬別被「模擬調查」給騙了！

 今天的課程內容是什麼呢？

 接下來我要介紹提升數據素養時，絕對不可或缺的「隨機抽樣法」。

話不多說，請先從這個網站的資料看起。

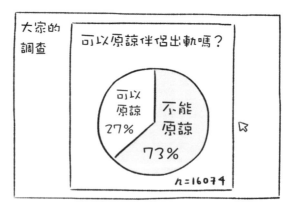

大家的調查

可以原諒伴侶出軌嗎？

可以原諒 27%

不能原諒 73%

$n = 16074$

 嗯？這是網路投票的結果吧。

看到這個結果，你有什麼感想？

依我的角度來看，我會覺得喔～原來社會上大多數的人都是這麼認為啊。

原來如此。但在我看來，這份調查和垃圾沒有兩樣。我實在不敢相信竟然有人會隨便公布這種不負責任的「模擬調查」！

老師您別生氣，有話慢慢說。
您說的不負責任的地方是指哪裡呢？

因為回答這份「模擬調查」的人，並**不是從母體中隨機抽出的，再加上，打從一開始就沒有清楚地對母體做出定義。**

的確是這樣……。這只不過是蒐集偶然在網路上得知有這個投票，並在上面作答的人的資料罷了。
可是全部共有 16,000 人回答，這樣可信度不是很高嗎？

16,000 人聽起來可能讓人覺得人數不少，但這個數字也只有日本總人口的 0.01％。假設日本的人口總數是 10,000 人，那麼 0.01％就代表 10,000 人之中只有一個人回答這個問題。

沒想到竟然是如此稀有的存在！

這類企畫的負責人或許是認為「在網路上投票符合現在流行的媒體趨勢，不僅如此，還能藉由這種方式增加網站流量，沒有比這更棒的方式了」。然而，假使不具備統計學知識的人看到這個結果，他們會怎麼想呢？

應該會像我剛才那樣，看到 16,000 人的回答人數和圓餅圖，就誤以為可以反映出「真實」情況吧。

是吧。公布這類「模擬調查」的行為，可說是一種既不明智又不負責任的行為！

一定要注意，千萬別被這類調查給騙了。

啊，對了，這堂課的主題是隨機抽樣法，不過因為與「模擬調查」有關，容我在這裡離題一下；我對學術論文也有一些意見，請大家也要注意一下論文。有些研究人員會自認自己很認真地在寫論文，但有些論文在第三者看來卻非常不可思議。

可是論文這種專業的東西，在我這個外行人的角度看來，好像是非常值得信賴的科學研究耶……。是樣本偏頗的問題嗎？

這也不是不可能，但我想指出的是另外一個問題。這麼說好了，鄉先生，你昨天三餐各吃了哪些東西，共吃下多少分量？

咦，昨天的三餐嗎？我想想，早餐好像是一片吐司和一杯優格，午餐嘛……應該是蕎麥麵吧。晚餐是紅燒魚和一碗白飯，其他還有什麼去了……。咦，午餐的蕎麥麵好像是前天中午吃的？？？（汗）

説的也是。就像這樣，假如研究老年人健康的研究人員問受試者説「你昨天吃了哪些東西」，再將得到的結果輸入到 Excel 當中，你覺得結果會怎麼樣？

因為連正值壯年的我都沒辦法記清楚了，想必資料的正確性會令人存疑吧……。

如果是研究人員對受試者進行全天二十四小時的監控，將飲食情況完全記錄下來的話，那就另當別論。然而，如果是以面對面或用電話訪談的方式，詢問對方：「昨天吃了哪些東西？」而對方回答：「我吃過白飯。」「共吃了幾碗？」「兩小碗……咦？還是三碗？」……假使累積了數百筆這樣的資料。

我們無法清楚得知受訪者描述的「小碗」具體大小究竟有多大，何況被問到的人，本來就沒有誠實正確回答的義務。

您的意思是即使擁有大量資料，品質也有可能完全不可靠。

當然，大型製藥公司在研發新藥時，所使用的數據應該都會盡量完善，因為如果數據不恰當的話，嚴重的話甚至可能會導致公司倒閉。

我想表達的是，即使論文或研究結果受到主流媒體的報導，還是先對其抱持存疑的態度比較好。

想做到值得信賴的調查，就用「隨機抽樣法」！

 好了，今天這堂課的目的是希望讓大家一定要理解，作為推論統計學根基的**「隨機抽樣法」**的重要性。

舉例來說，內閣支持率如果只調查80歲以上的老爺爺和老奶奶就失去意義了，又或者只調查年收入2,000萬日圓以上的社會精英也沒有意義。為了正確估計作為母體的日本所有選民的情況，**樣本必須是精巧迷你的母體縮小版**。

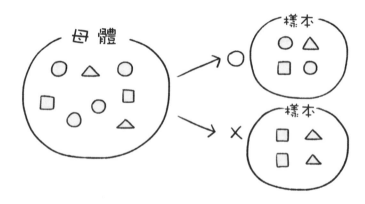

 的確是該這樣沒錯。

 所以人們就發明了隨機抽樣法，這是一種**試圖以相同的機率把隸屬母體的人挑選出來的方法**。

話說回來，既然「隨機抽樣法」能冠上「法」的字眼，不就表示方法已經確立了嗎？

是的。不過，隨機抽樣法只不過是這些方法的「總稱」，還有很多名為「某某法」的抽樣方法。

例如？

你聽過**「分層二段隨機抽樣法」**嗎？它是**「分層隨機抽樣法」**的一種。內閣府的「關於國民生活的民意調查」等，就是使用這種抽樣方法。

我從字面上來看，感覺好像似曾相識。

今天這堂課，我要介紹隨機抽樣法中的其中四種。

- 簡單隨機抽樣法
- 分層抽樣法
- 兩段抽樣法
- 分層兩段隨機抽樣法

各位讀者或許在日常生活中不太有什麼機會接觸隨機抽樣法，但我希望大家一定要知道一件事，那就是「有一群人正在認真地思考這些事情」、「真正值得信賴的調查背後，有著如此嚴謹的抽樣方法」等內容。

我明白了。

對圓餅圖持保留態度

　　將數據的統計結果視覺化時，不知為何，人們似乎經常使用圓餅圖來表示。

　　下圖是某間家庭餐廳的問卷調查結果。從這個例子來看，如果問題的選項是「三個以上且有順序性」的話，用圓餅圖來呈現並沒有什麼不對。因為這麼做可以讓人更容易掌握累積的數值（用橫條圖來取代圓餅圖也沒問題）。

問題　本店的薑汁燒肉定食味道如何？（單選題）

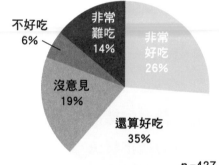

不好吃 6%
非常難吃 14%
非常好吃 26%
沒意見 19%
還算好吃 35%

n=427

　　另一方面，當問題的選項為「三個以上且沒有順序性」時，最適合的圖不是圓餅圖，而是橫條圖。原因有兩個。第一個原因在於，計算累積值沒有多大的意義。換言之，「這樣啊，原來覺得薑汁燒肉和味噌鯖魚煮好吃的人，加起來不到五成嗎」這樣的想法是沒有意義的。另一個原因是，我們可以一眼就看出各個選項的比例排序。

當問題的選項有「三個以上且具有順序性」，或者問題的選項有兩個時，這個時候最適合用圓餅圖來呈現。

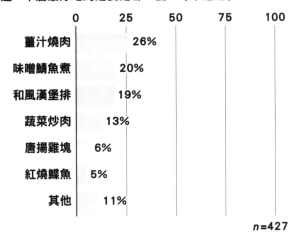

○ 問題　本店最好吃的定食是哪一個？（單選題）

× 問題　本店最好吃的定食是哪一個？（單選題）

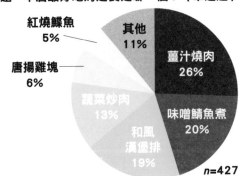

瞭解四種隨機抽樣法！

隨機抽樣法是為了取得值得信賴的樣本而採用。本次課程將詳細說明四種隨機抽樣法，請大家務必要一一牢記在心。

⇨ 從所有人當中隨機抽出的「簡單隨機抽樣法」

 接下來我將以「從所有日本人當中抽出1,000人」為例來進行說明。

首先從**「簡單隨機抽樣法」**開始介紹。這個方法很簡單，就是從所有日本人當中隨機抽出1,000人。

簡單隨機抽樣法

需要「全體日本人的名冊」

1000人

全國民名冊

的確很「簡單」（笑）。

 嗯。簡單隨機抽樣法雖然想法很單純，但執行起來卻有其困難之處。

 這是為什麼呢，明明內容如此簡單明瞭。

 因為如果拿不到「所有日本人的名冊」的話，就沒有辦法執行。

 喔喔，是這樣啊。「所有日本人的名冊」一般人是不可能取得的吧。那麼，什麼時候才會使用簡單隨機抽樣法呢？

 只有在**可以拿到母體的名冊，但要對所有人進行調查，而且人數又太多**的情況下。

 我知道了，像是大學的學務處想透過學生名冊來調查學生意見的時候嗎？

 你舉的這個例子很不錯。附帶一提，如果母體的人數不夠多，例如像小學或中小企業等人數規模，就不必特意採用簡單隨機抽樣法，這時就辛苦一點對全體人員進行調查比較好。

⇨ 分層之後再抽出的「分層抽樣法」

 接下來要介紹的是**「分層抽樣法」**。這是將母體分為「年齡」、「都道府縣」、「職業」等不同的層，然後**在各層實施簡單隨機**

抽樣法的一種抽樣方法。

如果層是「都道府縣」，那麼就要讓從各個都道府縣抽出的人數，與實際各個都道府縣的人口成比例。

 像是東京都的比例要高一些這樣嗎？

 對。東京都居住著日本總人口約一成的人，所以樣本中的東京都居民也要占約一成。

分層抽樣法

〈以都道府縣作為層時〉

- 抽出的人數需和各個都道府縣的人口成比例
- 需要各個都道府縣的名冊

 原來如此～結果分層抽樣法，只是有沒有分層的區別，最後還不是得使用簡單隨機抽樣法。

 對啊。分層抽樣法沒有母體的名冊就無法執行，而且名冊上也必須記載有關層的資訊。

 我想也是。

第
2
天

別
被
「
模
擬
調
查
」
牽
著
鼻
子
走
！
　
隨
機
抽
樣
法

⇨ 分成兩個階段抽出的「兩段抽樣法」

 下面要介紹的**「兩段抽樣法」**，顧名思義，就是分為兩個階段進行抽樣的方法。

在第一階段，就好比準備了一顆「標有都道府縣名稱的 47 面體骰子」。骰子各面的面積各不相同，必須與實際的都道府縣人口成比例。因此面積最大、最容易成為底面的地方是「東京都」；最狹小、最難以成為底面的地方是「鳥取縣」。我們將這顆骰子擲出數次，抽出數個成為底面的都道府縣。

到了第二階段，針對第一階段中抽出的都道府縣實施簡單隨機抽樣法。

兩段抽樣法

・抽出數個都道府縣，再針對每個被抽出的都道府縣實施簡單隨機抽樣法

・只需準備被抽出的都道府縣的名冊即可

 結果這種方法最後也是使用簡單隨機抽樣法嘛～

是的。不過，兩段抽樣法並不需要「所有日本人的名冊」。只要準備好第一階段抽出的都道府縣的名冊就可以了。從這個意義上來説，與前面介紹的兩種抽樣法相比，這種方法比較實際一些。

既然這樣，那您一開始就介紹這種方法不就好了嗎～！

其實兩段抽樣法也有其不足之處。第一階段會抽出數個都道府縣，反過來看，這也意味著有些都道府縣沒有被抽中。

舉例來説，假如進行「烏龍麵和蕎麥麵的調查」時，如果沒有抽出香川縣和長野縣的話，你會怎麼想？

感覺……有些格格不入吧？

（※譯註：香川縣和長野縣分別是烏龍麵和蕎麥麵的發源地）

我也是這麼認為。

換言之，兩段抽樣法的不足之處，與其説是學術説法，不如説很容易讓人產生「**這個樣本真的可以代表全體日本人嗎？**」「**這個樣本的調查結果可以視為母體的結果嗎？**」這類疑慮。

⇨ 分層＋兩段的組合技「分層兩段抽樣法」

為了消除這類疑慮，於是又發明**「分層兩段抽樣法」**！這個方法顧名思義，是結合分層抽樣法和兩段抽樣法而來。

首先和分層抽樣法一樣，將母體依「都道府縣」劃分為層，再

決定從各個都道府縣抽出的人數。

東京都占約一成對吧。

對。接下來，從各個都道府縣中抽出數個市區町村，並對每個被抽出的市區町村實施簡單隨機抽樣法。

啊～也就是說，像東京都或大阪府這樣的人口規模，就要使用兩段抽樣法吧。例如雖然沒有抽出世田谷區，但會從八王子市抽出，共抽出9個人。

是的。採取這種方法，只要準備最終被抽出的市區町村的名冊就可以了。

剛才也說過，內閣府在「關於國民生活的民意調查」中，使用的是「分層兩段抽樣法」。然而，對於層的思考方式，與我剛

才說明的內容有所出入。雖然不太一樣，但請大家把這個抽樣法大致解釋為這種感覺的調查。

知道真相的只有母體

 為了慎重起見，我們再確認一遍；雖然是根據隨機抽樣法進行的調查，但也不能就此認為調查結果充分反映了真實情況。

 咦！

 因為這是根據樣本計算出來的調查結果，而不是調查整個母體的關係。

 是這樣啊。您的意思是如果想要知道真實情況，只有調查母體一途吧。

 是的。

 話說回來，世界上有各種不同類型的調查公司吧？這些調查公司所調查出來的結果都變成我們常見的網路新聞，那些調查也是用隨機抽樣法做出來的嗎？

 其實很難說。不同公司有不同的做法，也要看是什麼樣的調查內容。難得有機會學習到這方面的知識，今後大家一定要注意是用什麼方式來抽出樣本進行調查。

 如果沒有提供這方面的資訊怎麼辦？

那樣的話就無視這項調查結果。
即使心態上有所退讓，也應該停留在對調查結果半信半疑的程度。

我以前可能太信任調查結果了……。以後我會多加注意。

即使是大型調查公司所公布的結果，也千萬不要輕易相信，最好養成冷靜看待調查結果的習慣，這樣才能確實提升自己的數據素養！

⇨ 什麼是隨機分配？

最後再補充一點。在這裡介紹一下主要用於醫學上的 **「隨機分配」**。

我知道隨機是「亂七八糟」或者「沒有特定規則」的意思，但分配是什麼意思……？？

打個比方，某家飲料製造商試作出一款對乾眼症具有療效的茶飲。為了確認這款茶飲是否真的具有療效，公司成功找來100名願意協助實驗的人。這100個人，年齡、性別、健康狀況等特徵均迥然不同。

研究人員這時要做的事，就是在實驗開始之前，**確認受試者名冊上的編號，擲100次骰子**。藉由這種方式，決定讓點數為偶數的人喝試作茶，點數為奇數的人喝假的試作茶，這就是隨機分配。

還真是輕鬆寫意（笑）。

我擲～

1號受試者	⚃	試作茶
2號受試者	⚄	假試作茶
3號受試者	⚀	假試作茶
4號受試者	⚅	試作茶
5號受試者	⚃	假試作茶

 在實際情況下，我們通常不會使用骰子，現在已經可以用電腦來產生亂數，把這些亂數當作擲出的點數進行隨機分配。附帶一提，在進行實驗時，最好不要告訴受試者被分配到的是試作茶還是假試作茶。

 這是為了不讓受試者產生心理上的影響吧。
我已經瞭解隨機分配的意義，但我不太懂為什麼必須要這麼做？

 因為試作茶還沒有上市的緣故。在進行實驗之前，喝過試作茶的人，頂多只有公司的研發人員和高層人士吧。這些相關人士親自成為白老鼠調查試作茶的效果，並向外界公布他們自己提出的調查結果，這樣應該不太恰當吧？

因為是自己人提出的數據，好像沒有什麼說服力。

而且試作茶並沒有上市販售，所以與「日本全體選民」或「岩手縣全體三十多歲的縣民」不同，**不存在「所有喝過上市販售的試作茶的人」這個母體。**

喔喔，原來是這樣！
因為母體不存在，所以無法進行隨機抽樣。

這就是為什麼我們要進行隨機分配的原因。
只要進行隨機分配，就會使「年齡」和「健康狀態」這兩個群體的屬性大致上均一化。

將試作茶和假試作茶分配給成這兩個均一化的群組，獲取其中的數據，就能清楚得知這款茶飲是否真的對乾眼症具有療效。
原來如此。

▷ 評論經濟的危險

今天的課程到此告一段落，有什麼感想嗎？

與其說是感想，不如說我有個問題。
其實我以前曾經擔任釣魚雜誌的編輯，我的問題是，讀者明信片的問卷調查結果，對統計學來說具有價值嗎？

會寄明信片的人，大部分是為了獲得讀者贈品的人，或是喜歡高談闊論的老頭子，我聽了今天的內容，總感覺這種資料有點偏頗。

寄明信片的人，並不是從「出版社預設的讀者群」這個母體中以隨機的方式一一抽選出來的。不僅如此，寄來明信片的人當中，也包含不屬於「出版社預設讀者群」的人。

因此，讀者寄來的明信片，其統計結果充其量只不過是寄明信片的人的意見統計，不具任何價值。

換句話說，因為根本不是從「出版社預設讀者群」這個母體中隨機抽出，所以當上司看見寄來的讀者明信片的資料統計結果時，對著下屬破口大罵「滿意度為什麼比上月號還差！」其實這種想法大有問題吧。

這種想法是錯誤的。

原來是這樣，那我當年不等於是白白挨罵了嗎……。
可是，如果收到的讀者明信片數量夠多的話，那麼統計結果應該也具備一定的可信度吧？

這種想法也是大錯特錯。
就算明信片再多，讀者也不是從「出版社預設讀者群」這個母體中隨機抽出的，也有不屬於「出版社預設讀者群」的人會寄明信片到出版社。

原來如此……。那麼，讀者明信片該如何運用才是「正確」的做法呢？

別因為滿意度統計而讓心情受到影響，認真觀看每一封明信片自由回答欄裡面的內容，日後加以活用，這才是最重要的。

我明白了。雖然您這麼說，但我現在已經不在釣魚雜誌從事編輯工作了。

我再換個話題吧。最近我們在購物或選擇服務的時候，不是會經常參考底下的評論或者別人給予其幾顆星嗎？我聽完您解釋讀者明信片的原因之後，也開始認為這些評論因為母體不明確，所以實際上幾乎沒有什麼參考價值，您覺得這個觀念是正確的嗎？

沒錯。照單全收是很危險的。

果然是這樣……，以後我得多加注意。

➡️ 網路投票是一種「模擬調查」，因此我們不能將網路投票的結果視為「社會大眾的聲音」。

➡️ 讓樣本成為母體的縮小版，以此作為目標的抽樣方法，就是「隨機抽樣法」。

➡️ 隨機抽樣法的種類包括「簡單隨機抽樣法」、「分層抽樣法」、「兩段抽樣法」、「分層兩段隨機抽樣法」等。

➡️ 「簡單隨機抽樣法」是從母體中隨機抽出樣本的一種抽樣方法。

➡️ 「分層抽樣法」是將母體分為「都道府縣」這類不同的分層，然後在各層實施簡單隨機抽樣法的一種抽樣方法。

➡️ 「兩段抽樣法」是抽取數個都道府縣，針對各個都道府縣實施簡單隨機抽樣法的一種抽樣方法。

➡️ 「分層兩段抽樣法」是結合分層抽樣法和兩段抽樣法而來的一種抽樣方法。

Takahashi
CLASS

第
3
天

掌握
資料的感覺！
數值資料篇

看到資料，第一步是先掌握感覺！

這堂課會教大家學會「掌握資料感覺的方法」這個統計學的基礎。光是知道這一點，說不定就能向周圍的人炫耀一下！

⇨ 學習資料處理的基礎

你還記得前面學過哪些東西嗎？

我想想，第1天學到統計學的概要，第2天學到隨機抽樣法。

是的。光是瞭解這些知識，你的數據素養就應該提升了不少。

要是那樣就好了……（不安）。

不要妄自菲薄啦（笑），你可以更有自信一些。
好了，就如第一天的最後所說，我的課程最終目標是想介紹「母體比例估計」和「複迴歸分析」這兩種實用技能。今天的課程就是為了理解這些內容而做的事前準備工作。

事前準備工作應該只是麻煩而已，不會很難吧？

一點也不難喔。不過這堂課會出現公式，所以要請你先做好心理準備。出現公式的時候，最重要的是別因此而感到退縮。

您還真是瞭解（笑）。是的，像我這種文組人一看到複雜的公式就會立刻關閉思考迴路。

如果覺得快要不能思考的時候，不用勉強自己看公式也可以。事不宜遲，下面就讓我們開始吧。

麻煩您了！

⇨「掌握資料的感覺」是什麼意思？

統計學上一般是以「二十多歲」、「選民」或者「高血壓患者」這類規模較大的群體作為對象。想當然，需要處理的資料量自然也會變得非常龐大。

舉例來說，假設有1,000名受試者，其中包含「年齡」、「性別」、「身高」、「體重」、「血壓」等20個變數，若將這些資料輸入到Excel當中，**總共就會有1000×20＝20000筆資料**。

數量那麼多，我的腦袋都要爆炸了。

這樣的話，我們要如何掌握資料的感覺呢？這就是今天的主題。

這是和敘述統計學有關的話題嗎？

不，這與敘述統計學和推論統計學都有關係。

⇨ 資料可以分為兩種類型

首先我希望大家知道，資料可以分為兩種類型，這兩種類型就是**「數值資料」**和**「類別資料」**。

舉例來說，假設某家甜點製造商邀請評論員品嚐冰淇淋的試作品，得到了下列資料。

76

	昨晚睡眠時間 （h）	試吃場所的 室溫（℃）	與現有產品 相比	性別
參加者1	6.5	29	非常難吃	女
參加者2	8	33	還算好吃	男
參加者3	6	29	不好不壞	男
參加者4	7.25	30	有點難吃	女
⋮	⋮	⋮	⋮	⋮

數值資料　　　　　類別資料

左邊的「昨晚睡眠時間」和「試吃場所的室溫」屬於數值資料；右邊的「與現有產品相比」和「性別」屬於類別資料。

順帶一提，有的時候會以**「量的資料」**來表示數值資料；以**「質的資料」**來表示「類別資料」。

嗯嗯。這樣的表示方式也很容易理解。

讓我確認一下你弄懂了沒，請問「血型」屬於哪種資料？

是類別資料！

那「來客數」呢？

是數值資料！

那麼「京都檢定」的級數呢？

 京都檢定？

 這是京都商工會議所主辦，關於京都的檢定考試。級數可分為一級、二級和三級。

 既然是用數字表示，我猜「京都檢定」的級數是數值資料！

 可惜答錯囉，它屬於類別資料！

 咦，為什麼啊？

 因為每個級數雖然都有順序性，但寬度並非等距的緣故。

3級	2級	1級
・有90%以上的題目是出自官方教材。 ・採單選題的方式，於答案卡上作答，答對70%以上即合格。	・有70%以上的題目是出自官方教材。 ・採單選題的方式，於答案卡上作答，答對70%以上即合格。	・依據官方教材的內容出題。 ・採用記述式和小論文式的方式作答，合計答對80%以上即合格。

※ 從第16回京都檢定開始，也加入準1級的認定。
※ 出處：https://www.kyotokentei.ne.jp/

78

看起來的確如此，「3級到2級的範圍」和「2級到1級的範圍」
是不一樣的。

但是，不知道該怎麼説，我還是搞不懂什麼樣的資料才算是類
別資料。

既然這樣，我再舉一個例子好了。

假設A咖啡店的來客數是3人，B咖啡店的來客數是1人，那麼
兩家咖啡店的來客數加起來就是4人沒錯吧。
再假設A先生通過京都檢定三級，B先生通過京都檢定一級，
所以兩個人的級數加起來就是四級……你應該不會這麼計算
吧？

原來如此！這樣説我就明白了。

為什麼要把資料分為數值資料和類別資料呢？ 因為這兩種類型
的資料對於感覺的掌握方式完全不同的緣故。

類別資料的話題留到明天再説，今天我們先把精神放在數值資
料上吧。

試著將「資料的分散程度」數值化

掌握數值資料感覺的訣竅之一，主要就在於掌握「資料的分散程度」。我們可以利用統計學，將資料的分散程度數值化。

⇨「平均」就是讓資料「變得勻稱」

 下面這組資料是某家汽車經銷商的銷售業績，我們可以從表格中得知上個月的銷售輛數。

	營業1課（輛）
A先生	4
B先生	0
C先生	1
D先生	3
E先生	2

	營業2課（輛）
F先生	2
G先生	3
H先生	2
I先生	2
J先生	1

 營業1課中，有人賣出四輛汽車，也有人一輛都賣不出去。

 鄉先生剛才說的就是一個很好的例子，**一旦資料記錄在表格上，人們往往只會注意到表面上看見的數值。**

然而對我們來說，掌握營業1課和營業2課的資料感覺才是最重要的事。如果有必要的話，也可以把營業1課和營業2課的

資料合在一起看。

這時「平均數」這個數值就能派上用場了。平均數正是掌握數值資料感覺時基礎中的基礎。你知道平均數要怎麼計算嗎？

看樣子我的數學能力相當不受信任啊（苦笑），這完全難不倒我。
方法就是把資料全部加起來，再除以人數！（一臉得意）

是的。營業1課的總銷售輛數為「4＋0＋1＋3＋2」，也就是10輛。除以5個人，平均數為2輛。
簡單來說，平均數就是營業1課的人均銷售輛數。也順便計算一下營業2課的平均數吧。

我明白了。

$$\frac{2+3+2+2+1}{5} = \frac{10}{5} = 2$$

欸，無論是1課還是2課，平均數都是2耶。

順帶一提，「平均數」這個名詞，代表它是「資料的均衡點」。
有可能是因為大家小時候都學過平均數的計算方法，所以沒有意識到，這個計算平均數的行為，其實是要讓資料的凹凸變得勻稱，請見下圖。

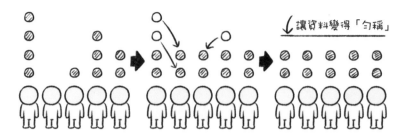

讓資料變得「勻稱」

喔喔，這樣就淺顯易懂多了。

教孩子什麼是平均數的時候，不妨試著用這張圖來解釋。

以平方和、變異數、標準差 來判斷「分散程度」

光看平均數，仍不足以讓我們掌握數值資料的感覺，還需要具備「平方和」、「變異數」和「標準差」的知識。

・平方和

・變異數

・標準差

三個一定都得記住嗎？
我感覺自己好像快跟不上了……（汗）

別想那麼多，這三個數值實際上幾乎如出一轍，**它們都是用來表示資料分散程度的指標。**

分散程度？

是的。這些數值能夠呈現出資料不均衡的情況是否嚴重。

為了說明，這裡再次利用營業1課和2課的例子。如果只用表格來呈現的話，不太容易抓住感覺，所以我將資料繪製成圖。

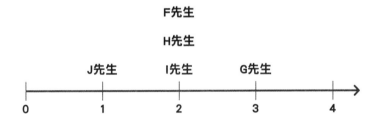

嗯。

請你試著想像一下。營業1課和2課上面有營業部部長所領導的營業部，1課和2課的課長必須向部長報告上個月的業績。
倘若部長聽取報告時只針對人均銷售輛數，也就是平均銷量進行評價，你想想看會變成什麼情況呢？

1課和2課的平均數都是2，所以部長大概會認為兩個課的業績不相上下。

我猜部長會說：「**1課和2課都一樣努力，這個月也要辛苦你們了。**」然後完全不做檢討，話題就此打住。

唔，1課和2課都一樣啊。

有些人的心中可能會無法釋懷吧。因為我們從圖中可以看出，1課和2課的資料分散程度截然不同。

1課裡面有些人一直想努力衝高業績，但也有工作時混水摸魚的人。相比之下，2課所有人的業績都相去不遠。

為了將這些資料的分散程度數值化，所以我們才需要計算出平方和、變異數和標準差。

嗯嗯。

平方和、變異數和標準差的最小值均為0。

什麼情況下會變成0呢，那就是當資料完全沒有分散的時候，也就是所有人的資料皆完全相同時。

舉例來說，假設營業1課的銷售輛數均為5，那麼營業1課的平方和、變異數、標準差都會是0。

反過來說，資料的分散程度愈大，平方和、變異數、標準差的值就會愈大於0。

喔～～～

⇨ 以平均數為基準點的「平方和」

首先從平方和開始介紹。**平方和是以平均數作為基準點，將資料的分散程度數值化的指標**。用數學的方式來表達，就是

（每筆資料－平均數）²的總和

下面試著實際計算一下營業 1 課的平方和。

$$(4-2)^2+(0-2)^2+(1-2)^2+(3-2)^2+(2-2)^2$$
$$=4+4+1+1+0$$
$$=10$$

↑營業 1 課的平方和

喔喔。我有個簡單的疑問，為什麼是平方的總和呢？難道沒有經過平方計算就不能加總嗎？

這個問題問得很好，你試著不用平方來計算，看看結果會怎麼樣。

好。

$$(4-2)+(0-2)+(1-2)+(3-2)+(2-2)$$
$$=2+(-2)+(-1)+1+0$$
$$=0$$

 咦，居然變成0了！

 並不是碰巧遇到答案為0的情況喔，不用平方計算，2課也會是0，你看。

$$(2-2)+(3-2)+(2-2)+(2-2)+(1-2)$$
$$=0+1+0+0+(-1)$$
$$=0$$

 原來如此，所以才要經過平方計算。
我來算算看2課的平方和。

$$(2-2)^2+(3-2)^2+(2-2)^2+(2-2)^2+(1-2)^2$$
$$=0+1+0+0+1$$
$$=2$$
↑營業2課的平方和

2課的平方和是 2，1課是 10。透過剛才的圖，我們可以得知 1 課的資料分散程度比較大；從平方和來看，確實也是 1 課的值比較大。

看樣子你好像已經理解，真是太好了。

不過，我還有個問題，為什麼要用「2」次方再加總呢？負數經過「3」次方計算，答案仍是負數，這點我還多少能夠理解，但難道就不能利用「4」次方或「18」次方來計算嗎？

你還真是固執呢（笑）。

有兩個答案可以回答你的問題。第一個答案在於，執著於為什麼要用「2」次方計算再加總起來這一點，就有如把注意力放在「那個扮演路人的臨時演員，為什麼會穿著格子襯衫？」這種無關緊要的細節上。

如果老是拘泥在這些枝微末節的小事，就永遠無法登上統計學的頂峰，所以別在這種小地方止步不前。

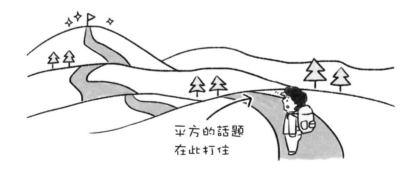

平方的話題
在此打住

因為就是這麼計算，所以不用管它的意思嗎？

對。第二個答案在於，統計學的各種計算中，用「2」次方加總的平方和，至今依然受到廣泛運用，因此完全沒有必要特地用「4」次方或「18」次方等方式來計算。

我已經非常瞭解了（笑）。

只不過遺憾的是，方才介紹的平方和有一項致命的缺點。那就是當資料的個數愈多，數值就會變得愈大。

您的意思是，假如1課只有5個人，2課卻有5萬人，那麼即使不去特意計算，2課的平方和一定也會比較大嗎？

我無法一口斷定結果絕對是這樣。因為如果2課所有人的銷售輛數都一樣，那麼平方和就會是0。
不過從常識上來看，這種事是不太可能發生的，所以鄉先生這樣的想法也不是沒有道理。

如果資料的個數愈多，數值就愈大，那麼平方和作為將資料的分散程度數值化的工具，豈不是不及格嗎……！

所以才會出現接下來要講的「變異數」啊！

⇨ 消除平方和的缺點！「變異數」

變異數是用平方和除以資料個數計算出來的。
例如，營業1課的變異數，是以平方和10除以資料個數5來計算，結果為2。

營業2課的變異數，是以平方和2除以資料個數5來計算，結果為0.4。

$$\cdot \text{1課的變異數} \rightarrow \frac{10}{5} = 2$$

$$\cdot \text{2課的變異數} \rightarrow \frac{2}{5} = 0.4$$

 計算超簡單的（笑）。

 平方和的缺點是資料的個數愈多，數值就會愈大，這時只要除以資料個數來計算出變異數，問題就能獲得解決。

只是把變異數開根號！「標準差」

 最後要介紹的是標準差。
標準差是用變異數開根號計算出來的。
舉例來說，營業1課的變異數是2，所以標準差為$\sqrt{2}$。營業2課的變異數是0.4，所以標準差為$\sqrt{0.4}$。

$$\cdot \text{1課的標準差} \rightarrow \sqrt{2}$$

$$\cdot \text{2課的標準差} \rightarrow \sqrt{0.4}$$

 雖然我看到平方根有點卻步，不過這個計算方法也非常單純呢！

我發現到一件事，如果只是有沒有平方根這樣的區別，那麼標準差這個指標應該派不上用場吧？

你這麼想可就錯囉。標準差的存在非常重要，之所以重要的理由也非常充分。

請你回想一下變異數的分子，也就是平方和的計算，它的右上角標有平方吧，所以，平方和的單位是「輛²」。

喔喔，為了把「輛²」變成「輛」，才需要計算變異數的平方根嗎？這就是標準差存在的理由？

完全正確。換言之，標準差是作為「恢復原本單位的指標」而存在。

原來如此。

⇨ 平方和、變異數、標準差──統計學的幕後要角！

以上就是平方和、變異數和標準差的說明，整理成表格看起來就像這樣。有沒有問題？

平方和	（每筆資料－平均數）^{2} 的總和
變異數	$\dfrac{平方和}{資料個數}$
標準差	$\sqrt{變異數}$

全部列出來就變得一目瞭然。

事實上，內容還不只這些。剛才在說明的時候，我們曾以營業1課和2課的例子來進行比較，但諸如「這個群體的變異數比較小！」或者「標準差竟然有0.7！」這類評價，通常統計學不會放大檢視。

咦，不會針對這些做評價嗎？我好不容易才記住了說。

你如果想用這些指標來評價也沒問題，我並沒有說不能這麼做。舉例來說，A公司和B公司製造的機器可以生產直徑5公釐的螺絲，用兩家公司製造的機器各自生產100顆螺絲，從這兩組螺絲的變異數來確認哪一台機器的精準度比較高，我認為這麼做是具有意義的行為。

我剛才那句話的意思是，平時沒有那麼多機會能夠針對這些指標進行評價。

這樣的話，平方和、變異數和標準差是為了什麼而存在呢？

這些指標都是各種分析方法的幕後推手，換言之，它們是統計學的幕後要角。在「母體比例估計」和「複迴歸分析」中，這些指標也非常活躍。

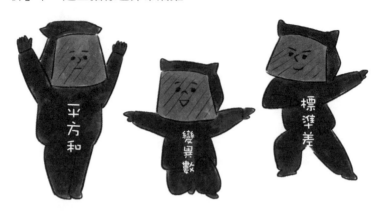

➡ **推論統計學使用的「不偏變異數」**

 讓我們把話題拉回到變異數上。

 變異數是用平方和除以資料個數計算出來的對吧。

 是的。實際上，還有一種與此不同的數值，名為「不偏變異數」。

 我沒聽清楚？普遍？不變？

 意思是沒有偏移的「不偏」。變異數與不偏變異數這兩者的區別在於分母，剛才介紹的變異數是 $\dfrac{平方和}{資料個數}$，而**不偏變異數是 $\dfrac{平方和}{資料個數-1}$**。

減1？為什麼要特地減掉1呢？

並不是沒事特地減去1喔。在推論統計學中，根據「不偏性」這項觀點，已經確認母體變異數的最佳估計值，就是 $\dfrac{平方和}{資料個數-1}$ 。

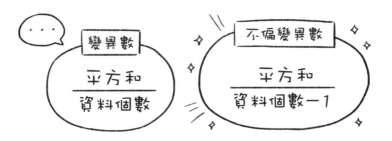

可是，如果手上有10,000筆資料，那麼無論平方和是除以10,000還是9,999，數值都非常接近不是嗎。既然如此，那還有不偏變異數存在的必要性嗎？

抱持這種想法就錯了。**母體變異數的最佳估計值之所以是** $\dfrac{平方和}{資料個數-1}$**，固然有其「道理」。**如果想要深究其中的道理，起碼需要高中理組程度的數學知識。

哎呀呀，居然需要達到那種數學程度⋯⋯。
我還是乾脆一點，直接把它背下來好了（笑）。

⇨ 消除平均數的缺點！「中位數」

我在第二堂課的一開始就介紹過平均數。因為我想一口氣從平均數介紹到平方和、變異數和標準差，所以中間沒有提及，但

其實**平均數也有缺點**。

如果一組資料中出現異常大或異常小的資料，平均數就會受到這些資料的影響。

這是什麼意思？

我舉個例子來說明吧。下面的表格是某公司舉辦保齡球大賽的比賽結果，六名參賽者的平均分數為103。

	分數
參加者1	229
參加者2	77
參加者3	59
參加者4	95
參加者5	70
參加者6	88
平均數	103

一號參賽者未免也太強了吧，分數竟然高達229分。

就算全部都是補中（Spare），也不會超過200分，這根本是職業水準吧。你看，一號參賽者以外的人，分數都沒有超過100，三號參賽者甚至只拿到59分。

問題來了，如果不公布這六個人的實際分數，只公布平均分數的話，你覺得其他人會如何判斷？

如果是我，我會認為這六個人的保齡球技術都差不多是103分左右。

可是，如果我是一號參賽者，我一定會不服氣地駁斥道：「開

 如果我是三號參賽者，我一定會暗自竊喜「自己本來只有59分，卻被高估為103分」（笑）。

從這個例子就能看出，**當存在異常大或異常小的資料時，就是「中位數」出場的時機了。**

 中位數是指位置在中間的數字嗎？

 是的。顧名思義，**當資料由小到大排列時，位於正中央的數值就是中位數。**

當資料個數和這個例子一樣為偶數時，由於沒有正中央的數值，因此是將位於正中央兩個資料的平均數作為中位數。

$$59 \text{、} 70 \text{、} \boxed{77} \text{、} \boxed{88} \text{、} 95 \text{、} 229$$

$$\frac{77+88}{2} = \frac{165}{2} = 82.5$$

 中位數是82.5……欸，這樣就變得比平均數103還要小，我看一號參賽者可能要爆怒了……。

但是，對於其他五個人和我們這些旁觀者而言，你不覺得中位數82.5更能讓我們抓住資料的感覺嗎？

 原來如此，是從這樣的角度來思考呀。

這麼說來，我想起來中位數這個名詞在哪裡聽過了，好像是在年收入之類的話題中出現的吧？

 是的。世界上有很多財富超乎我們想像的超級富翁，如果把這些年收入高達1億或10億的人都算進來的話，會導致平均年收入一下子大幅上升。因此，如果要掌握資料的感覺，還是用中位數比較合適。

 用中位數就能壓低數值嗎？

 請看下面的圖。這是根據厚生勞動省「國民生活基礎調查」的結果整理而成的所得相關資料。

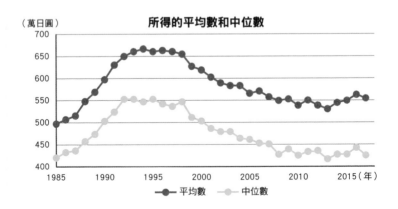

所得的平均數和中位數

（萬日圓）

---圖表---
平均數　　中位數

欸，兩個數值的差別還真大。

 附帶一提，2017 年的平均數與中位數，兩者差距為 129 萬日圓，而 1985 年為 75 萬日圓。

瞭解這個事實之後，關於中位數的話題就到此為止。

LESSON

3 第 堂課

其實近在你我身邊？
資料的「標準化」

「標準化」是統計學中經常使用的資料轉換方法，完全不懂它是什麼
的人也不用擔心，學生時代那個讓人忐忑不安的數字，事實上就和
「標準化」脫不了關係。

⇨ 統一資料規格的「標準化」

 那麼開始介紹今天的最後一個話題「標準化」。

 標準化？？？

 這是統計學中經常使用、極其重要的一種資料轉換方法。簡單
來說，**如果變數的單位或滿分的基準不同，就能使用這種轉
換方法將規格統一**，使不同的資料可以互相參考比較。

 您雖然這麼說，但反而讓我更搞不清楚它的含義。

 沒關係，只要和我一起思考下面的例子，你很快就會理解了。

下表是國語和社會的考試成績。我們可以從表格上看到，考生
1在國語考試中拿到100分；考生2在社會考試中拿到100分。

	國語	社會
考生 1	**100**	28
考生 2	26	**100**
考生 3	67	27
考生 4	82	54
考生 5	99	33
考生 6	45	14
考生 7	56	25
考生 8	65	30
考生 9	93	40
考生 10	67	49
平均數	70	40

 拿到滿分的人好厲害啊。

 我雖然想誇讚這兩名考生都很努力，但同樣是 100 分，考生 2 的 100 分卻顯得更有價值許多。

 您說的更有價值，意思是指？

 你看一下平均分數。社會的平均分數比起國語的平均分數還要低吧。

平均分數是 40 分，代表這項考試具有相當程度的難度，能在難倒大部分人的考試中脫穎而出拿到 100 分，可說是非常了不起的一件事。

 喔喔，原來更有價值是這個意思啊！

 我再舉一個例子。下面的表格顯示，考生 1 在數學考試中拿到 100 分；考生 2 在英語考試中拿到 100 分。

	數學	英語
考生1	**100**	50
考生2	42	**100**
考生3	65	55
考生4	87	58
考生5	58	46
考生6	53	47
考生7	44	48
考生8	29	54
考生9	18	53
考生10	64	49
平均	56	56
標準差	23.6	15.1

 我懂了，要看哪個考生的100分更有價值對吧！這種事只要看平均分數……欸，怎麼都是56分啊？所以這兩名考生拿到的100分價值都一樣囉？

 你錯了。答案是英語。
你看看標準差的部分。

 喔，標準差在這個時候出現了！

 英語的標準差比較小對不對？你知道這代表什麼意思嗎？

 這10名考生的英語分數，分散程度比數學要來得小！（一臉得意）

 答對了！分散程度小，說明大家的分數都差不多，1、2分的差距就足以導致名次產生變化，可以說這項考試的競爭非常激烈。

換句話說，**英語的「1分的分量」比數學更有分量。**

 這就是為什麼**同樣是100分，考生2的100分更有價值**的原因啊。

 就是這個意思。
剛才的兩個例子中，考生人數都只有10人，因此我們還可以僅憑目測來檢討100分的價值，但如果面對的是像大型升學補習班那種成千上百人的資料，是不可能像這樣輕鬆寫意地對分數進行探討的。

 確實如此。

 遇到這種情況時，「標準化」這個資料轉換方法就是一項便利的工具。**標準化的計算方式是將每筆資料減去平均數，再除以標準差。**

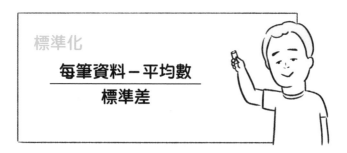

標準化

$$\frac{每筆資料 - 平均數}{標準差}$$

 標準差又在這時出現了！
話說回來，分子應該是平方和吧？

 的確是這樣沒錯，但這裡不進行平方計算。

下面的表格是將數學和英語的考試成績標準化的結果，經過標準化的資料稱為「**標準化值**」或「**標準分數**」。

	數學	英語			數學的標準化值	英文的標準化值
考生1	**100**	50		考生1	**1.86**	-0.40
考生2	42	**100**		考生2	-0.59	**2.91**
考生3	65	55		考生3	0.38	-0.07
考生4	87	58		考生4	1.31	0.13
考生5	58	46		考生5	0.08	-0.66
考生6	53	47		考生6	-0.13	-0.60
考生7	44	48		考生7	-0.51	-0.53
考生8	29	54		考生8	-1.14	-0.13
考生9	18	53		考生9	-1.61	-0.20
考生10	64	49		考生10	0.34	-0.46
平均	56	56		平均	0	0
標準偏差	23.6	15.1		標準偏差	1	1

$$考生1的數學標準化值 = \frac{100-56}{23.6} = 1.86$$

$$考生2的英語標準化值 = \frac{100-56}{15.1} = 2.91$$

 只要觀察表格整理後的標準化值，哪一個100分更有價值，答案就一目瞭然了。

不過，請等一下，標準化值到底意味著什麼，我到現在還是不太能夠理解……。

 標準化值的分子是以每個人的分數減去平均分數，所以是與平均分數之差的意思。**分數高於平均分數的考生，相減就是正數；分數低於平均分數的考生，相減會得到負數。**

到這裡還跟得上嗎？

可以。

光看與平均分數的差距，並無法充分探討分數的價值，這是因為1分的分量會隨著科目而不同的緣故。**為了反映出1分的分量，所以才除以標準差。**

分數的分散程度愈小，1分的分量愈重，標準化值愈大；分散程度愈大，1分的分量愈輕，標準化值愈小。

原來如此～我總算明白了！

我突然想到一件事，不用標準差當作分母，計算時不能除以變異數嗎？我覺得除以變異數好像也能反映出1分的分量……。

真是嶄新的想法，我從來都沒想過呢。鄉先生的點子固然不錯，但標準化值本來就是要除以標準差來計算。

附帶一提，標準化值有以下幾個重要的特徵。

- ·無論變數的滿分是幾分，其標準化值的平均數一定為0，標準差一定為1。
- ·無論是什麼單位的變數，譬如cm或kg，其標準化值的平均數一定為0，標準差一定為1。

我想想，平均數為0這件事我覺得勉強還能理解，但是標準化值的標準差為1，我總感覺哪裡怪怪的……。

 讓我們用簡單的例子實際驗證一下吧。如果懶得仔細計算的話，跳過這一段也無妨。

	原始資料	標準化後的資料（標準化值）
A先生	1	$\dfrac{1-3}{s}$
B先生	2	$\dfrac{2-3}{s}$
C先生	6	$\dfrac{6-3}{s}$
平均數	$\dfrac{1+2+6}{3}=\dfrac{9}{3}$ $=3$	$\dfrac{\left(\dfrac{1-3}{s}\right)+\left(\dfrac{2-3}{s}\right)+\left(\dfrac{6-3}{s}\right)}{3}=\dfrac{\left\{\dfrac{(1-3)+(2-3)+(6-3)}{s}\right\}}{3}$ $=0$
平方和	$(1-3)^2+(2-3)^2+(6-3)^2$ $=(-2)^2+(-1)^2+3^2$ $=4+1+9$ $=14$	$\left(\dfrac{1-3}{s}-0\right)^2+\left(\dfrac{2-3}{s}-0\right)^2+\left(\dfrac{6-3}{s}-0\right)^2$ $=\left(\dfrac{1-3}{s}\right)^2+\left(\dfrac{2-3}{s}\right)^2+\left(\dfrac{6-3}{s}\right)^2$ $=\dfrac{(1-3)^2+(2-3)^2+(6-3)^2}{s^2}$ $=\dfrac{3}{s^2}\times\dfrac{(1-3)^2+(2-3)^2+(6-3)^2}{3}$ $=\dfrac{3}{s^2}\times s^2$ $=3$
變異數	$\dfrac{14}{3}$	$\dfrac{3}{3}=1$
標準差	$\sqrt{\dfrac{14}{3}}$ ※為了方便計算，右列的式子是以s這個符號來表示標準差。	$\sqrt{1}=1$

⇨ 標準化值原來就是那個數字！

 說起來，大部分的人可能都不知道，其實大家對標準化值並不陌生。

莫非它就是…… 偏差值？

 你說中了！其實「偏差值」是對標準化值略微加工後的產物。具體來說，它是將標準化值乘以10倍再加上50。所以說，根據剛才提到的標準化值的特徵，我們可以大致猜測得出來，偏差值的平均數必然是50；偏差值的標準差必然是10。

 原來是這樣，難怪偏差值只有50的人，會被認為「學力檢測結果很普通」。

 嗯，因為這樣的偏差值意味著等同平均分數。

 特意把標準化值加工成偏差值的理由是什麼呢？

 很抱歉，我不太清楚詳細的來龍去脈。據我猜測，有可能是以100分作為滿分的形式會比較接近考試分數的感覺，又或者是為了避免成績比平均分數還低的孩子會出現負的偏差值，大概背後有著這些因素的關係吧。

 確實，假如我在青春期的時候有人告訴我說「你的偏差值是負10」，我的心情一定會很沮喪吧……。

 我認為這在教育方面是很有人性化的考量。

然而只要習慣了統計學，就會發現標準化值比偏差值更容易理

解，這是因為資料低於平均數就會變成負數的緣故。

聽您這麼一說，的確如此。

我再補充一下關於偏差值的觀念。偏差值的提高或降低會導致考生心情上的起起伏伏，但最好要注意一件事。

什麼事呢？

舉例來說，某位考生在四月參加了補習班的模擬考，假設偏差值為52。他心想再這樣下去就會考不上理想的學校，於是下定決心在暑假拼命讀書。為了確認讀書的成果，他又在九月參加和四月不同的補習班的模擬考，結果偏差值是58。

拼命讀書終於獲得回報，真是太好了。

你先仔細思考一下。四月和九月的模擬考是不同的單位所舉辦，所以前去應試的考生肯定也是不同的一批人吧。

偏差值是將群體中的相對位置數值化的數字，所以無法和不同成員的群體偏差值相互比較。

啊，對喔！

換句話說，只有當自己上同一個補習班，同學都固定是同一批人的時候，才能將偏差值的變化拿來作為參考。

高橋老師的資料超整齊！

大家好

我是負責這本書的責任編輯。

「整理素材」可說是編輯的日常工作之一。

為了方便設計人員後續製作圖版，我得利用 Excel 和 Word 準備好素材。

手工畫草圖

電腦製作

確認作者送來的圖表原始資料後，為了方便設計人員的作業，在每個檔案的檔名上標註編號等小細節也很重要。

■0715_最終
■200701再
■三校0710--
■三校0710.p
■初校_0619.

順便一提，我的檔案名稱通常都取得亂七八糟的……

這次的主題是統計學，所以圖表之類的東西好像變多的呢……欸！

80個!!??

還要花幾天才能整理完……嗚

Excel 的工作表名稱也按順序編號

圖5-1 圖5-2 圖5-3

按章分節一一命名的檔名

■01圖表a.xlsx
■01圖表b.docx
■02圖表a.xlsx
■02圖表b.docx

實在太整齊啦!!!!

嗯？

是老師寄來的郵件

新郵件

MAIL

這些是圖表需要的資料。

咦……老師寄來的圖表資料，

？

全都整理好了!!

幫了大忙——!!

第 3 天課程學到的內容

➡ 資料可以分為「數值資料」（量的資料）和「類別資料」（質的資料）**兩種類型。**

➡ 表示資料分散程度的指標包括「平方和」、「變異數」和「標準差」。

平方和	（每筆資料－平均數）²的總和
變異數	$\dfrac{平方和}{資料個數}$
標準差	$\sqrt{變異數}$

➡ 變異數中也有名為「不偏變異數」**的類型。**

➡ 資料由小到大排列時，位於正中央的數值就叫作「中位數」。

➡ 當一組資料中存在異常大或異常小的資料時，中位數比平均數更有用。

➡ 如果變數的單位或滿分的基準不同，就能使用「標準化」進行資料轉換，使變數的規格統一。

➡ 經過標準化的資料稱為「標準化值」或「標準分數」。

第
4
天

掌握資料的感覺！
類別資料篇

掌握類別資料，
就從「比例」抓住感覺！

瞭解掌握數值資料感覺的方法之後，接下來讓我們掌握類別資料的感覺。「比例」在類別資料中是重要的關鍵。

⇨ 類別資料的掌握方法非常簡單！

 昨天的課程是介紹掌握數值資料感覺的方法。

 今天要介紹的是如何掌握類別資料的感覺對吧。

 是的。其實今天的課程需要介紹的內容不多。

 不會吧，難道我今天可以提早下課嗎？

 是的。我想鄉先生應該也有點累了吧，偶爾有機會提早下課不是也滿不錯的嗎？

 讓您費心了，真過意不去（笑）。

⇨ 試著將平方和轉換

 昨天的課程介紹過平方和，你還記得內容嗎？

 平方和這種工具，表面上看起來只不過是將資料的分散程度數值化後的一個值，但實際上卻是活躍於各種分析方法中的幕後推手。

 在進入掌握類別資料感覺的方法這個主題之前，為了方便後面的說明，這邊先介紹關於平方和的轉換。這個話題有濃厚的數學氣息，請小心服用。

 怎麼會這樣！
（虧我剛剛還在為能早點下課而高興呢……！！）
有多濃厚？很困難嗎？（心驚膽戰）

 一點也不難。接下來的說明會使用到符號，所以可能有人會產生數學過敏反應，但其實只是國中程度的數學。

 （鬆一口氣）這樣看來應該沒有問題。

 在說明轉換之前，請先觀察下一頁的表格。

看到了嗎，每筆資料的右下角都附有數字。

	資料 x
受訪者1	x_1
受訪者2	x_2
受訪者3	x_3
平均數	$\bar{x} = \dfrac{x_1 + x_2 + x_3}{3}$
平方和	S_{xx}

 我感覺它像是一種編號。

 你這個想法還真是有趣～
當表示平均數時，通常會在 x 上面加上一條橫槓。

 不好意思請問一下，這個符號要怎麼唸……？？

 這叫作「x bar」。請記住，若看到英文字母上面有一條橫槓就是平均數的意思。

 上面有橫槓的話就是平均數（筆記）。

另外，平方和的英文是 sum of squares，所以用 S_{xx} 來表示。

 我大概能理解 S 的右下角附有 x 的意思，但為什麼有兩個 x 呢？看上去很煩人欸（笑）。

 平方和之中還有所謂的**「乘積和」**，譬如「x 和 y 的乘積和」就是以 S_{xy} 來表示，由於要和這個符號區別對照，因此用 S_{xx} 表示。

那麼，接下來就用這些符號對平方和進行轉換。
平方和的計算為：

（每筆資料－平均數）² 的總和

套用剛才介紹的符號，則會變成：

$$S_{xx} = (x_1 - \bar{x})^2 + (x_2 - \bar{x})^2 + (x_3 - \bar{x})^2$$

到這裡還跟得上嗎？

 沒問題！

 接下來針對這個公式進行轉換。

$$S_{xx} = (x_1 - \bar{x})^2 + (x_2 - \bar{x})^2 + (x_3 - \bar{x})^2$$

$$= x_1^2 - 2x_1\bar{x} + (\bar{x})^2 + x_2^2 - 2x_2\bar{x} + (\bar{x})^2 + x_3^2 - 2x_3\bar{x} + \bar{x}^2$$

$$= x_1^2 + x_2^2 + x_3^2 - 2(x_1 + x_2 + x_3)\bar{x} + 3(\bar{x})^2$$

$$= x_1^2 + x_2^2 + x_3^2 - 2(x_1 + x_2 + x_3) \times \frac{x_1 + x_2 + x_3}{3} + 3\left(\frac{x_1 + x_2 + x_3}{3}\right)^2$$

$$= x_1^2 + x_2^2 + x_3^2 - 2 \times \frac{(x_1 + x_2 + x_3)^2}{3} + \frac{(x_1 + x_2 + x_3)^2}{3}$$

$$= x_1^2 + x_2^2 + x_3^2 - \frac{(x_1 + x_2 + x_3)^2}{3}$$

乍看之下雖然有些凌亂複雜……但如果仔細地觀察每一行公式，就會發現這只不過是在進行計算。

是的，裡面完全沒有困難的計算。

言歸正傳，這裡的平方和是3人分的資料，n人分的資料也可以進行同樣的轉換。「…」這個符號是省略的意思。

$$S_{xx} = (x_1 - \bar{x})^2 + (x_2 - \bar{x})^2 + \cdots + (x_n - \bar{x})^2$$

$$= x_1^2 + x_2^2 + \cdots + x_n^2 - \frac{(x_1 + x_2 + \cdots + x_n)^2}{n}$$

也就是說，像上面的兩行公式一樣，平方和也可以用兩種方式來呈現的意思囉？

説得沒錯！請大家千萬要牢牢記住這件事。

輕鬆掌握類別資料！

 讓你久等了。接下來開始說明今天的主題，也就是掌握類別資料感覺的方法。

 麻煩您了！

 下面的表格是針對某位YouTuber的好惡調查結果，讓受訪者從「喜歡」、「討厭」和「沒意見」這三個選項中選出一個答案。

	喜歡那位 YouTuber 嗎？ z
受訪者1	喜歡
受訪者2	討厭
受訪者3	討厭
受訪者4	喜歡
受訪者5	討厭
受訪者6	沒感覺

與數值資料不同，掌握類別資料感覺的方法，其實沒有想像中那麼困難，**只要計算比例就能一目瞭然。**整理成表格和圖表，看起來就像這樣。

	次數	比例
喜歡	2	$\frac{2}{6}$
沒意見	1	$\frac{1}{6}$
討厭	3	$\frac{3}{6}$
合計	6	1

$n=6$

0%　25%　50%　75%　100%

喜歡　沒意見　討厭

 「次數」是指符合的人數嗎？

115

是的。

講完了，以上就是今天要介紹的主題。

咦，只有這些內容嗎？

再怎麼說也太早下課了吧……。

我沒有説今天的課程到此結束，只是介紹完主題的內容而已。

下面舉個應用的例子。

⇨ 二進位資料可以作為數值資料來處理！

像「喜歡或討厭」、「買或不買」這類**不是 A 就是 B 的類別資料，就稱為「二進位資料」**。二進位資料雖然本質上是類別資料，但我們可以將其視為數值資料來進行計算。

？？？……我的理解力有點跟不上。

別緊張，請看下面這張表格。這是以是非題的方式調查某家中華料理店的拉麵好不好吃的結果。

	那家店的拉麵好吃嗎？ *x*
受訪者 1	否
受訪者 2	是
受訪者 3	是
受訪者 4	否
受訪者 5	是

想必大家一眼就能看出，回答「是」的人，比例是 $\frac{3}{5}$。接著，把這張表格中的「是」換成1，「否」換成0，結果如下所示。

	那家店的拉麵好吃嗎？ x
受訪者1	0
受訪者2	1
受訪者3	1
受訪者4	0
受訪者5	1

 如果是不知道經過轉換的人看到這張表格的話，大概一開始就會認為這是數值資料吧。

 那好，你不妨試著將這些數據當成數值資料，假裝在不知情的情況下計算平均數。

 好的。$\frac{0+1+1+0+1}{5}=\frac{3}{5}$。

啊，竟然和原來的資料比例一模一樣！

 對啊。這就是剛才我所提到的，二進位資料可以當成數值資料來計算的意思。

下面讓我們計算一下二進位資料的平方和、變異數，以及標準差吧。

117

■平方和

$$S_{xx} = \left(0 - \frac{3}{5}\right)^2 + \left(1 - \frac{3}{5}\right)^2 + \left(1 - \frac{3}{5}\right)^2 + \left(0 - \frac{3}{5}\right)^2 + \left(1 - \frac{3}{5}\right)^2$$

$$= 0^2 + 1^2 + 1^2 + 0^2 + 1^2 - \frac{(0+1+1+0+1)^2}{5}$$

第114頁
介紹過的轉換

$$= 0 + 1 + 1 + 0 + 1 - \frac{(0+1+1+0+1)^2}{5}$$

$$= (0 + 1 + 1 + 0 + 1)\left(1 - \frac{0+1+1+0+1}{5}\right)$$

$(0+1+1+0+1)$
提出來

$$= 3\left(1 - \frac{3}{5}\right)$$

■變異數

$$\frac{S_{xx}}{5} = \frac{3\left(1 - \frac{3}{5}\right)}{5}$$

$$= \frac{3}{5}\left(1 - \frac{3}{5}\right)$$

$$= \bar{x}(1 - \bar{x}) \leftarrow \text{二進位資料的變異數}$$

■標準差

$$\sqrt{\frac{S_{xx}}{5}} = \sqrt{\frac{3}{5}\left(1 - \frac{3}{5}\right)}$$

$$= \sqrt{\bar{x}(1 - \bar{x})} \leftarrow \text{二進位資料的標準差}$$

請問老師～每個式子都只計算到分數就當成算完了，看起來讓
人感覺有點不太舒服⋯⋯。難道不能再繼續計算下去，用小數
來表示最終結果嗎？

喔。沒料到身為文組人的你，竟然會在意這種小地方啊。

我覺得小數比較容易抓住感覺，不如說更有一股真實感。

你說的確實沒錯，分數在實務上或許不太受到歡迎，比如作為簡報資料時就不太容易讓人理解。但在統計學，或者該說數學中，用分數更容易進行抽象的計算，所以不會特意寫成小數。

不寫成小數啊……。

請大家一定要記住，二進位資料的變異數必定為 $\bar{x}(1-\bar{x})$，標準差必定為 $\sqrt{\bar{x}(1-\bar{x})}$。順便一提，將二進位資料作為數值資料來計算的內容，將在後天介紹的「母體比例估計」中出現，敬請期待！

⇨ 這個統計方法是錯誤的！

關於類別資料，我只想補充一點。
你就當成是題外話，用輕鬆的心情，一邊喝著咖啡，一邊聽我說吧。

那麼我就不客氣了。

假設有某家高速巴士公司對使用者進行問卷調查，內容是詢問對服務的綜合滿意度。選項包括「非常糟糕」、「有點糟糕」、「還不錯」、「非常不錯」這四個。

問題　請問對這家高速巴士公司的服務綜合滿意度。
（單選題）
1. 非常糟糕　　　2. 有點糟糕　　　3. 還不錯　　　　4. 非常不錯

	綜合滿意度
受訪者1	4
受訪者2	4
受訪者3	3
受訪者4	1
受訪者5	3

 經過這項問卷調查，得到綜合滿意度的資料，將各個選項從「非常糟糕」開始依序替換成1分、2分、3分、4分，然後計算平均數。

在這個例子中，受訪者1到受訪者5的分數，合計為15分。人數為5人，所以平均數為3分。由此我們可以得到「綜合滿意度的平均數為3分」的結論。

 是（悠悠哉哉）。

 可是這樣的計算行為是錯誤的，這個例子不能這麼計算。

 噗！這根本稱不上是題外話嘛（笑）。
通常大家都會這樣計算啊……。

不能這麼計算。

這種階段性評價的資料，不能使用加減乘除等計算方式。

 這是為什麼？

 這麼說好了，假設受訪者１吃了四個甜甜圈。

 為什麼會突然提到甜甜圈！？

 別管這些，你先聽我說。假設受訪者１吃了４個甜甜圈，受訪者２也吃了４個甜甜圈。

不用想也知道，這兩個人吃的甜甜圈數量是「完全相等」的。

我們再回頭來看，剛才的問卷調查中，受訪者１回答的是「非常不錯」，受訪者２同樣也是回答「非常不錯」。那麼問題來了，這兩個人心中感受到的「非常不錯」，你覺得程度一定「完全相同」嗎？

這兩人是完全不同的個體，他們所感受到的「非常不錯」，我認為不可能有「完全相同」這回事吧。

你說得沒錯。答案有著必須從四個選項中選出一個的限制，所以他們兩人只是碰巧選擇「非常不錯」這個選項罷了。

既然這樣的話，**將受訪者1和受訪者2的資料一律替換成4點，這麼做應該不恰當**，對吧？

喔喔對耶……！

同樣地，將受訪者1到受訪者5的資料統統替換成分數，計算5個人的平均數，這麼做也不恰當。

原來如此。我完全理解啦！

那真是太好了。
但就現實情況來看，明明不該這麼做，但觸目所及之處都像是理所當然地採用這樣的替換方式來進行計算，就連學術論文也是如此。

是這樣嗎！為什麼？

我個人認為，有可能是人們在剛開始嘗試將階段性評價的資料數值化的時候，心中都有「這麼做其實是不好的」這樣的共識。但與此同時，大家又有「為了讓研究和商業活動能夠更有彈性地進行下去，這樣的做法是必要之惡」的共識。

 原來是剛開始只能接受這種做法。

 漸漸地，大家發現「那間明星大學的那位教授的論文也是採用數值化的方式，所以沒問題！」這樣的感覺在社會上傳播開來，我猜等到大家意識到的時候，已不再是「必要之惡」，而是被視為「正確的行為」。

 要阻止這個趨勢，我猜應該非常困難吧。

 如果這本書能賣到100萬本的話，搞不好有機會能多少減輕這樣的共識繼續擴散下去（笑）。

從統計觀點看「積極參與投票」的必要性

下圖是總務省公布的知事選舉投票率最高和最差的紀錄。

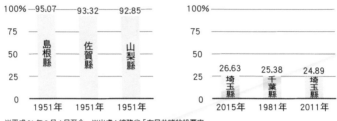

※平成 31 年 2 月 4 日至今　※出處：總務省「有目共睹的投票率」

每當我說「積極參與選舉投票比較好」的時候，一定有人會反駁：「反正又不差我這一票。」確實，選舉的結果或許不會因為你這一票而改變，但也說不定結果就是差你這一票。

舉例來說，假設在某個選區，有執政黨的Ａ先生、在野黨的Ｂ先生和Ｃ先生三個人參與競選，該選區的選民共有100人。最終選舉的結果，是由獲得30票的Ａ先生勝出。另外，投票率為：

$$投票率 = \frac{投票人數}{選民人數} = \frac{60}{100} = 60\%$$

這意味著100位選民之中，一共有40個人沒有參與投票。

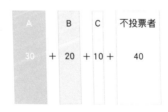

那麼，假使沒有參與投票的40人之中，有20人出來投票，在投票率增加為80%的情況下，結果又會是如何呢？

$$\frac{投票人數}{選民人數} = \frac{80}{100} = 80\%$$

沒有參加投票的40人之中，只要有20人出來投票，並把票投給在野黨的B先生的話……。

在這種情況下，當選人就不是獲得30票的A先生，而是獲得（20＋20）票的B先生。

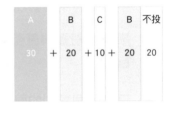

沒有參加投票的40人之中，只要有20人出來投票，並把票投給在野黨的C先生的話……。

在這種情況下，A先生和C先生的得票數相同。

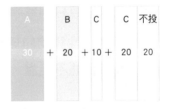

這兩個例子，都是假設沒有出來投票的20人全都投給在野黨的特定候選人。不過在現實生活中，這樣的假設其實是不成立的。

話雖如此，如果參與投票的人增加，那麼當選人就有可能出現變化，我想大家應該都明白這一點。這就是為什麼我會在這邊呼籲大家還是多多參與投票比較好。

➡ x 的平均數是以 $\bar{x}$ 來表示。

➡ x 的平方和是以 S_{xx} 來表示。

➡ 平方和有兩種表示方式。

➡ 掌握類別資料感覺的方法，就是盡可能地計算比例。

➡ 只有兩個類別的類別資料稱為「二進位資料」。

➡ 二進位資料可以作為數值資料來處理。

➡ 二進位資料的變異數為 $\bar{x}(1-\bar{x})$。

➡ 對階段性評價的資料，進行加減乘除等運算的行為其實並不恰當。

第

5

天

常態分布

使資料視覺化！

資料變得一目瞭然！
直方圖與機率密度函數

第 5 天的課程內容，是介紹各種分析方法的基礎知識。首先從直方圖和機率密度函數開始看起，我們可以透過這兩種工具直觀地掌握資料的感覺。

➡ 首先利用「次數分配表」來製作「直方圖」

今天要學習的內容是所謂的**「機率密度函數」**。

大家有曾經在哪裡聽過「常態分布」這個名詞嗎？
常態分布屬於一種機率密度函數。
這堂課的最終目標就是要瞭解什麼是**「常態分布」**和**「標準常態分布」**。

從機率密度「函數」這個名稱來看，它是曲線圖嗎？

是的，請把它想成是一種曲線和相關公式。

今天的課程內容數學比重比較偏多，但這些內容是統計學各種分析方法的基礎知識，所以請務必要努力跟上腳步。

我會集中精神聆聽！

那我們就開始吧。下面是兵庫縣國中三年級「全體」學生參加英語考試的成績。

	英語考試成績
學生1	42
學生2	91
⋮	⋮
學生31772	50
平均數	56
標準差	19

三萬一千七百七十二人！

人數很多吧～
資料數這麼多，不容易掌握資料的感覺，所以接下來會繪製成圖表。

要怎麼做？該不會是把資料一筆一筆地畫出來吧？

我們會先根據資料製作出**「次數分配表」**，再利用次數分配表來繪製**「直方圖」**。

喔喔。

下面就是次數分配表。

組		組值	次數	相對次數	相對次數 / 組距
以上	未滿				
0 ～	10	5	86	0.00271	0.000271
10 ～	20	15	648	0.02040	0.002040
20 ～	30	25	2286	0.07195	0.007195
30 ～	40	35	4662	0.14673	0.014673
40 ～	50	45	4922	0.15492	0.015492
50 ～	60	55	3365	0.10591	0.010591
60 ～	70	65	5883	0.18516	0.018516
70 ～	80	75	7181	0.22602	0.022602
80 ～	90	85	2535	0.07979	0.007979
90 ～	100	95	200	0.00629	0.000629
100 ～	110	105	4	0.00013	0.000013
合計			31772	1	0.1

首先請大家注意最左邊的欄位。這裡是按照「0分以上未滿10分」、「10分以上未滿20分」這樣的方式來劃分。這些區間稱為**「組」**。

各組的長度稱為**「組距」**，在這個例子中，各組的組距為10。

「組距」可以由分析者自由決定嗎？

可以的。

真彈性！

「組」右邊的欄位為**「組值」**，這是指位於組正中間的數值。

嗯嗯。

組值右邊的**「次數」**欄位，是指各組所對應的資料個數。
而各組的次數占所有次數的比例，就是**「相對次數」**。

感覺要記住的東西一口氣增加了不少……。

確實這裡需要記住的東西有好幾樣，但每個欄位名稱的意思都
不難，所以不用那麼緊張。

對了，還有一件事。原本次數分配表中並沒有包含在內，但為
了方便後面介紹，我在最右邊的欄位加上 $\dfrac{相對次數}{組距}$ 這個欄
位。

我看看，「0分以上未滿10分」的相對次數是0.00271，而組距
是10，所以「$\dfrac{相對次數}{組距}$」就是 $\dfrac{0.00271}{10} = 0.000271$，是這
個答案嗎？

沒錯。
我們會根據次數分配表裡面的結果來繪製所謂的直方圖，就是
下面這張圖。

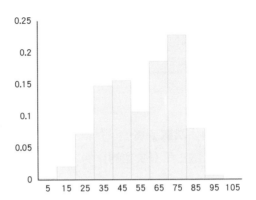

 這張直方圖的橫軸是「英語考試成績」。組距是10，所以長條的寬度也是10。標記5、15、25這類刻度的是組值。

 等一下，一般考試的滿分都是100分吧？那最右邊的105是怎麼回事⋯⋯??

 這是專為考100分的人而設置100分以上未滿110分的組，而這一組的組值是105。

 喔喔，原來是這樣。

 直方圖的縱軸為「相對次數」。
只要像這樣繪製成直方圖，「落在 75 分左右的人最多」這件事就一目瞭然了。

 一眼就能掌握資料的感覺呢！

我拿到77分～　　我是76分～　　我75分～　　我73分～

 為了方便說明，我接著會將直方圖的縱軸從「相對次數」改
為 $\frac{相對次數}{組距}$ 。

 ……。

 我看到你露出一副「為什麼？」的表情，總之你先暫時把這個
部分記下來。

 好……。

 確認一下。以「0分以上未滿10分」這一組來看，其相對
次數是 0.00271，由於組距是 10，因此直方圖的高度，也就
是 $\frac{相對次數}{組距}$ 就是 0.000271。

 嗯。

 再確認一下，如果將組距縮至比現在的10更小，直方圖的形狀
會變成什麼樣子。
請看下面的圖。

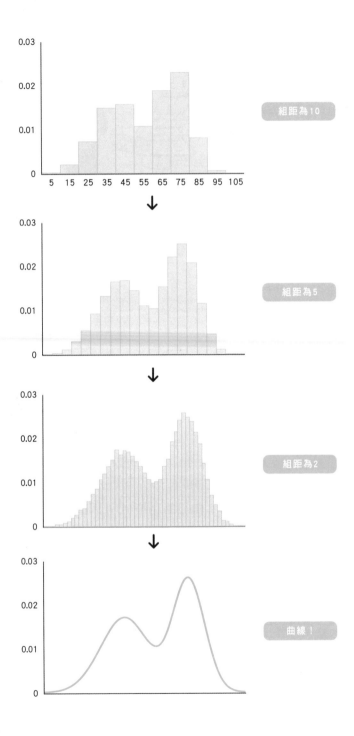

組距為10

組距為5

組距為2

曲線！

134

最後這個**組距縮到最小的曲線**，公式就是「機率密度函數」。

嗯……。基本上大致可以理解曲線是怎麼來的，但我有個疑問。

你說說看。

在這個例子中，由於資料是考試分數，因此組距應該不能縮到比1還要小吧。如果是把各組的頂點連成一條線，形狀也會變成彎彎曲曲的，不會像曲線那麼平滑……？

被你發現了嗎！確實這個例子最終不會畫成曲線。但是，它幾乎呈曲線這件事是不爭的事實，這部分就別計較了。

⇨ 機率密度函數的曲線和橫軸包夾的面積為1

機率密度函數有個重要的特徵，那就是**機率密度函數的曲線和橫軸包夾起來的面積一定是1**。

您說一定嗎？

必定是1。我來說明一下。你不妨回憶一下剛才一開始繪製的直方圖，它的組距為10，縱軸為相對次數對吧。
試著計算一下所有長方形加總起來的面積。每一組的長方形寬度均為10，高度為相對次數。因此，如果把所有的長方形都堆疊在一起，就會變成一塊**寬度為10、高度為1的長方形**。

換句話說，所有長方形加總起來的面積是 **10 × 1 = 10**。到這裡還跟得上嗎？

可以。

接下來，我們將直方圖的縱軸從相對次數改為 $\dfrac{相對次數}{組距}$，試著計算一下所有長方形加總起來的面積。

每一組的長方形寬度均為 10，高度為 $\dfrac{相對次數}{組距}$，如果把所有的長方形都堆疊在一起，就會變成一塊**寬度為 10、高度為 $\dfrac{1}{10}$ 的長方形**。

換句話說，所有長方形加總起來的面積是 **10 × $\dfrac{1}{10}$ = 1**。

確實如此。

最後再看看組距為2，縱軸為 $\dfrac{相對次數}{組距}$ 的直方圖，試著計算一下所有長方形加總起來的面積。

每一組的長方形寬度均為2，高度為 $\dfrac{相對次數}{組距}$，如果把所有的長方形都堆疊在一起，就會變成一塊**寬度為2、高度為$\dfrac{1}{2}$的長方形**。

換句話說，所有長方形加總起來的面積是 **$2 \times \dfrac{1}{2} = 1$**。

綜合上述內容，我們可以看出，機率密度函數的曲線和橫軸包夾起來的面積必定是1。

我完全懂了！

試著瞭解最重要的常態分布！

機率密度函數有幾個非常重要的特徵，這堂課將會花大量的時間，介紹機率密度函數中最重要的常態分布。

記住最重要的機率密度函數

 直方圖的組距縮小到極致之後，其終極形態就是機率密度函數的曲線，所以可能呈現各式各樣的形狀，搞不好會像蛇一樣扭來扭去。

 沒錯。機率密度函數可以說具備無限的可能性。統計學中就有幾個在學術上具有舉足輕重地位的機率密度函數，例如下面這個著名的「**t分布**」就是其中之一。

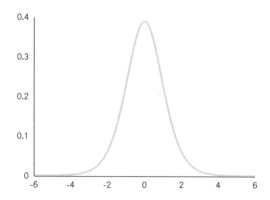

它呈現左右對稱的整齊形狀呢。

 是啊。t 分布很常拿來對母體平均數進行推論，除此之外，下面這個**「F分布」**也很重要。

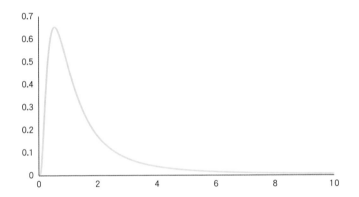

 這個曲線的形狀比較歪斜。

 F 分布也很常拿來對母體平均數進行推論。

 喔 —— 。

 t 分布和 F 分布固然都很重要，但最重要的當屬**「常態分布」**了。
下面這張圖是平均數為 53、標準差為 10 的常態分布。

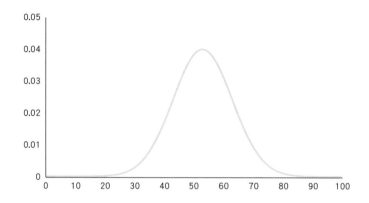

 它的形狀很像 *t* 分布，也是呈現整齊的左右對稱形狀。

 是的。常態分布的曲線形狀具有下列兩種特徵。

· **以平均數為界，呈左右對稱**
· **受平均數和標準差的影響**

光用說的不太容易想像，直接看圖比較快。

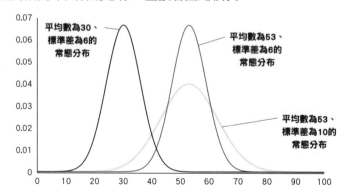

原來如此，我明白了，**標準差愈小，意味著資料的分散程度愈小，所以兩翼也會隨之變得越發狹窄。**

是的。
我在這裡介紹一下統計學特有的説法。假設我們利用「愛知縣國中三年級『全體』學生的數學考試成績」來繪製直方圖，將其組距縮小到極致，形狀與「平均數為53、標準差為10的常態分布」的曲線一致。

在這個情況下，統計學是以**數學考試成績服從平均數為53、標準差為10的常態分布**來表達。

為什麼要特地用「服從」兩個字來描述？

雖然這種表達方式很獨特，但由於是約定俗成的説法，因此只要明白是這個意思就可以了。

除了現在這個「服從」讓我有點不太理解之外，今天的課程內容並沒有想像中那麼困難。

你這句話説得太早囉，要聽完下面的內容後才能放心。

常態分布的公式對於文組人來説難度可能有點偏高……，但如果沒有介紹它，課程就無法進行下去，所以下面請大家看看這個公式。準備好囉。

$$f(x) = \frac{1}{\sqrt{2\pi} \times 標準差} \exp\left\{-\frac{1}{2}\left(\frac{x - 平均數}{標準差}\right)^2\right\}$$

我的天啊！
不好意思，我的腦袋可以關機了嗎……？

等一下啦，我會一五一十地解釋清楚！（笑）

首先是「$f(x) =$」，請把它想成是「這個曲線就是根據這個公式描繪出來……」這樣的意思。
比如二次函數 $y = ax^2 + bx + c$，我們也可以將它寫成 $f(x) = ax^2 + bx + c$。

原來如此。那「**exp**」又是什麼？

這是自然底數。

我記得第一天的課程好像就有提到過自然底數！（只是內容忘得差不多了……）

它是 2.7182……這個無限不循環的小數。說到底，自然底數是指**「當 n 無限大時的 $\left(1+\frac{1}{n}\right)^n$」**。在理組的領域裡，自然底數是一種理所當然被拿來計算的常數。

我現在似乎有一種強烈身處在客場的感覺……。

我沒有要求你必須馬上徹底理解這個公式，我只希望你能夠慢慢地習慣就好。

另外，在 exp 的右邊括號裡面……。

我嚇得連這裡都沒注意到（笑）。

這是**自然底數的幾次方**的意思。假如是 exp（3），就是 e^3 的意思。當括號裡的內容非常複雜凌亂，有可能看錯時，一般就傾向於用 exp 來表示。以上內容就是常態分布的說明。

好的。（總算結束了……呼）

⇨ 是否存在和常態分布一致的資料？

話說回來，以某些資料為對象，將直方圖的組距一口氣縮小，其最終形態就會與常態分布的曲線「完全」一致。這樣的情況在現實生活中有可能真實發生嗎？

不可能。

 我想也是。

 然而，如果在某些情況下判斷資料也有可能與常態分布一致，你不覺得這不是一件很奇怪的事嗎？

舉實際一點的例子，像是「神奈川縣高中一年級『全體』男生的身高」或「京都府小學四年級『全體』女生的50公尺賽跑成績」等等。

 確實如此。

 若非特殊情況，我們並沒有辦法取得母體的資料；正因為無法取得資料，才會讓人感到困擾；因為困擾，才會想要借助統計學的力量。

在統計學中，會以「視為服從常態分布」為前提，用各式各樣的分析方法來進行思考。

 老師請問一下，如果遇到怎麼看都不像服從常態分布的資料時，這種情況該怎麼辦？

這是一個很難回答的問題。若不幸遇到這種情況時，就以相應的分析方法來處理。

⇨ 特別的常態分布──標準常態分布

在常態分布中，**平均數為0、標準差為1的常態分布**，特別將其稱為**「標準常態分布」**。

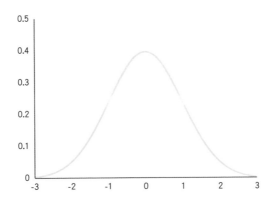

嗯⋯⋯從結果來看，它只不過是一種常態分布，為什麼要特別看待它呢？

這個問題問得真好。這裡就不得不提到標準化。

我記得前面也有提到標準化，內容是什麼來著⋯⋯。

哎呀，才沒幾天你就忘光光了嗎？ 我再說一遍。

・無論滿分是幾分的變數，經過標準
　化後，其標準化值的平均數為0，
　標準差為1。

・無論是什麼單位的變數，經過標準
　化後，其標準化值的平均數為0，
　標準差為1。

喔喔，我想起來了。

透過標準化，我們可以將一般的常態分布轉換成標準常態分布。舉例來說，假設「愛知縣國中三年級『全體』學生的數學考試成績」，服從平均數為53、標準差為10的常態分布。

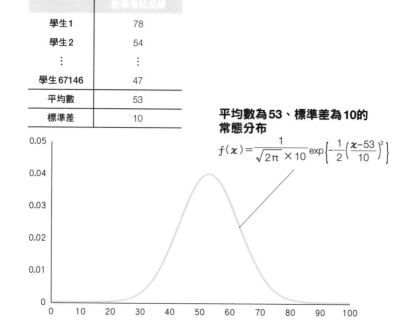

	數學考試成績
學生1	78
學生2	54
⋮	⋮
學生67146	47
平均數	53
標準差	10

平均數為53、標準差為10的
常態分布

$$f(x) = \frac{1}{\sqrt{2\pi} \times 10} \exp\left\{ -\frac{1}{2}\left(\frac{x-53}{10}\right)^2 \right\}$$

「數學考試成績」經過標準化後，結果如下。

	數學考試成績	「數學考試成績」的標準化值
學生1	78	$\dfrac{78-53}{10}=2.5$
學生2	54	$\dfrac{54-53}{10}=0.1$
⋮	⋮	⋮
學生67146	47	$\dfrac{47-53}{10}=-0.6$
平均	53	0
標準偏差	10	1

 這意味著，「數學考試成績」的標準化值是平均數為0、標準差為1的常態分布；換言之，它服從標準常態分布。

	「數學考試成績」的標準化值
學生1	$\dfrac{78-53}{10}=2.5$
學生2	$\dfrac{54-53}{10}=0.1$
⋮	⋮
學生67146	$\dfrac{47-53}{10}=-0.6$
平均	0
標準偏差	1

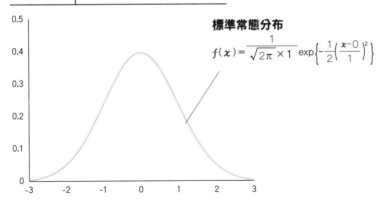

標準常態分布

$$f(x)=\frac{1}{\sqrt{2\pi}\times 1}\exp\left\{-\frac{1}{2}\left(\frac{x-0}{1}\right)^2\right\}$$

 啊～原來如此！

掌握標準常態分布的特徵

 接下來介紹標準常態分布的重要特徵。
下圖中黑色部分的面積為 0.95。
這點和明天的課程內容有關，所以請務必要牢記在心。

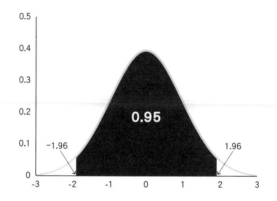

 您的意思是，**標準常態分布的曲線和橫軸之間，排除「－1.96 以下的部分」和「1.96 以上的部分」，包夾在這個範圍內的面積吧。**

 是的。
順帶一提，**標準常態分布的曲線和橫軸之間，排除「－2.58 以下的部分」和「2.58 以上的部分」，包夾在這個範圍內的面積是 0.99。**

 欸……。
老師，我從剛才開始就對一件事感到有點好奇，標準常態分布

的範圍只有在橫軸的−3到3之間嗎？

不是這樣喔。這裡只是因為圖的關係而截去兩翼而已，實際上它的範圍是從負的無限大到正的無限大。

➪ 面積＝比例＝機率

最後我要說明以常態分布為首的所有機率密度函數，或者說是所有統計學中非常重要的一項觀點。

是什麼呢？

機率密度函數的曲線和橫軸包夾的面積為1，這點我在前面曾經提到過吧。

是的，我記得很清楚！

事實上，機率密度函數的曲線和橫軸包夾起來的面積，既可以視為比例，也可以視為機率。

咦，這是什麼意思？

我舉個例子來說明吧。佐賀縣國中二年級的「全體」學生參加一項國語考試，假設已知學生的考試成績服從平均數45，標準差10的常態分布。

嗯。

下面這張圖是平均數為45、標準差為10的常態分布曲線圖。你知道曲線圖中的黑色部分，也就是以平均數為界，曲線和橫軸包夾的右半部面積為0.5嗎？

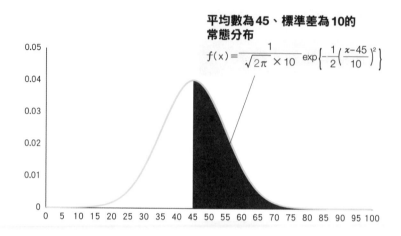

平均數為45、標準差為10的常態分布

$$f(x) = \frac{1}{\sqrt{2\pi} \times 10} \exp\left\{-\frac{1}{2}\left(\frac{x-45}{10}\right)^2\right\}$$

我明白了。因為常態分布的形狀是左右對稱，也就是1的一半。

沒錯。右半部的面積是0.5，這代表「**成績在45分以上的考生人數，占全體考生的0.5**」的意思。

是這樣沒錯。

換言之，我們也可以說「**從所有考生中隨機抽出一人，被抽出的考生分數在45分以上的機率是0.5**」。

原來如此！經您這麼一說，確實是這樣沒錯。

這就是可以將其視為面積、比例和機率的意思。
如果出現「面積」這個名詞，以後請記得在腦中將它轉換為「比例」或「機率」。

就算您說在腦中轉換……，但是要我立刻做到好像也不太容易（苦笑）。

只要慢慢習慣就好！

➡ **機率密度函數的硬性定義**

今天的課程到此告一段落，

感覺今天的課程好漫長～不過，我覺得自己距離真正的統計學似乎愈來愈接近，忍不住躍躍欲試。
我這樣應該已經對統計學有相當程度的瞭解吧!?

鄉先生，說實話……。

嗯？

截至目前為止，有關機率密度函數的說明，都是以簡單明瞭為主，所以比較欠缺嚴謹度。

原來是這樣嗎！前半部看起來不太像，但到了後半部，我覺得數學的比例占了不少欸……。

因為機會難得，下面我想再針對機率密度函數做更進一步的說明。**不感興趣的人，想跳過這個部分也無所謂。** 記得要參加明天的課程就好。

說實話這對我來說很痛苦。
不過我願意捨命陪君子……！

那我們就開始吧。滿足以下三個條件的$f(x)$，就是「x的機率密度函數」。

第一個條件。**「$f(x)$ 的曲線形狀無論多麼歪曲，其位置都會與橫軸相同或高於橫軸」。**
用數學的方式來表達，就像下面這樣。「≥」和「≧」的意思相同，據我瞭解，大學似乎都是使用前者居多。

$$f(x) \geq 0$$

0以上……。啊，對喔，只要回想一下縮小直方圖組距的情況，就會發現這裡根本不可能會出現負數。

就是這個意思。

第二個條件是**「$f(x)$ 的曲線與橫軸之間包夾的面積為1」。**
用數學的方式來表達，就像下面這樣。

$$\int_{-\infty}^{\infty} f(x)dx = 1$$

這個符號是什麼？

 這個符號叫作**「定積分」**，在高中的理組數學會教到。它的讀法是「$f(x)$ 從負無限大到正無限大的定積分」。

第三個條件是**「x 在 a 以上、b 以下的機率，等於 $f(x)$ 從 a 到 b 的定積分」**。
用數學的方式來表達，就像下面這樣。

$$P(a \leq x \leq b) = \int_a^b f(x)dx$$

 $P(a \leq x \leq b)$ 這個符號，是指「x 在 a 以上、b 以下的機率」的意思嗎？

 是的。式子的右邊為「$f(x)$ 從 a 到 b 的定積分」。

 喔喔，如果看這個式子的等號左右兩邊，感覺就能瞭解它為何可以視為機率和面積了。

 以上就是三個條件的說明。

 我覺得沒有想像中那麼困難。

那真是太好了。

 最後我想再針對機率補充說明一下。假設有一台機械可以製造出直徑5公釐的螺絲。也許有人會感到意外，但冷靜地想像一下就會明白，要製造出直徑恰好等於5公釐的螺絲是絕對不可能的事。

 咦，不會吧？

 你錯了。確實，螺絲的直徑差不多都是5公釐沒錯。然而，任何一顆螺絲，直徑都會像5.003…或4.998…這樣，不可能剛剛好等於5。

 聽您這麼一說，確實是如此。

 因此我們假設實際生產的螺絲直徑為x，則
$P(x=5)=0$。

 也就是x恰好為5公釐的機率是0的意思。

 換句話說，在需要計算機率的情況下，必須像
$P(4.99 \leq x \leq 5.01)$一樣，讓x具有一定的範圍。

 喔 ——。

有看沒有懂的希臘字母

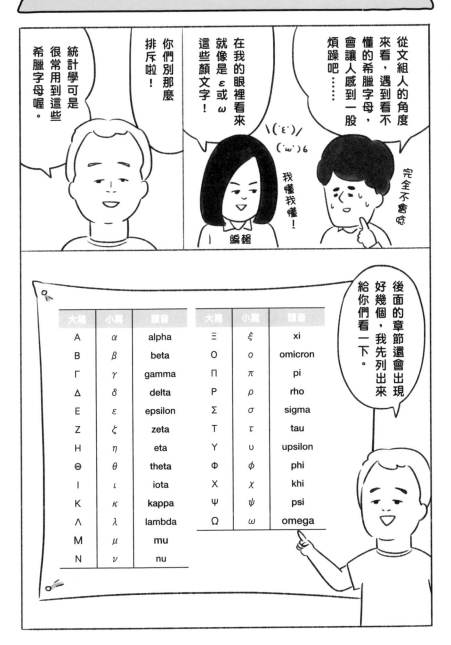

大寫	小寫	讀音
A	α	alpha
B	β	beta
Γ	γ	gamma
Δ	δ	delta
E	ε	epsilon
Z	ζ	zeta
H	η	eta
Θ	θ	theta
I	ι	iota
K	κ	kappa
Λ	λ	lambda
M	μ	mu
N	ν	nu

大寫	小寫	讀音
Ξ	ξ	xi
O	o	omicron
Π	π	pi
P	ρ	rho
Σ	σ	sigma
T	τ	tau
Y	υ	upsilon
Φ	ϕ	phi
X	χ	khi
Ψ	ψ	psi
Ω	ω	omega

➡ 將直方圖的組距逐漸縮小，最終縮到極致的曲線，其式子就是「機率密度函數」。

➡ 機率密度函數的曲線和橫軸包夾的面積為1。

➡ 機率密度函數的曲線和橫軸包夾起來的面積，既可以視為比例，也可以視為機率。

➡ 學術上較為重要的機率密度函數，包括「t分布」、「F分布」、「常態分布」等。

➡ 常態分布的曲線，以平均數為界，呈左右對稱的形狀，並受到平均數和標準差的影響。

➡ 平均數為0、標準差為1的常態分布，特別稱為「標準常態分布」。

第

6

天

Takahashi
CLASS

實踐！
試著估計
母體的比例

LESSON

第

1

堂課

第**6**天

根據樣本資料
來估計母體的比例！

課程從今天開始進入資料分析的範圍！要如何根據樣本資料來估計
母體的比例呢？我們將充分利用之前學過的內容，一步步地進行說
明。

⇨ 根據樣本資料得知母體情況

 今明兩天的課程內容是挑戰資料分析，今天介紹的是「母體比
例的估計」。

 終於走到這一步了……！

 我要事先聲明，這兩堂課會出現大量的數學公式，千萬
別看到公式就馬上退縮，有不懂的地方請隨時舉手發問。

 我知道了！

 今天的主題**是母體比例的估計**，顧名思義，這是一種**根據樣本
資料來估計母體比例的方法**。

 是。

舉例來說，假設某報社從日本的全體選民中隨機抽出 1,600 人，報社針對這些人進行詢問，調查他們是否支持現任內閣。回答「支持」的人共有 644 人，換算成比例是 0.4025。另外，由於是二進位資料，因此也要計算變異數等數值。

	你支持現任內閣？
受訪者1	0
⋮	⋮
受訪者1600	1
比例（平均數）	$\dfrac{644}{1600} = \dfrac{\overbrace{1+\cdots+1}^{644}+\overbrace{0+\cdots+0}^{956}}{1600} = 0.4025$
變異數	$\dfrac{\overbrace{(1-0.4025)^2+\cdots+(1-0.4025)^2}^{644}+\overbrace{(0-0.4025)^2+\cdots+(0-0.4025)^2}^{956}}{1600}$ $= 0.4025\,(1-0.4025)$
標準差	$\sqrt{0.4025\,(1-0.4025)}$

 根據隨機抽出的樣本，得到調查結果為 40.25%，所以我們很自然地可以推論母體的內閣支持率差不多也是落在 40.25% 附近。

 嗯。

 可惜的是，即使運用統計學，也無法得知具體的母體內閣支持率數值是多少。

取而代之的是，我們可以做出像「落在『▲以上、◆以下』的範圍內『應該沒錯吧』」這樣的推論。

統計學有這樣的公式嗎？

當然有。對「▲以上、◆以下」的範圍進行估計的行為，在統計學上稱為**「區間估計」**，估計的範圍稱為**「信賴區間」**。
認為「大概不會有錯」的程度，就稱為**「信賴水準」**。

若以剛才的內閣支持率為例，所謂的「信賴區間」，是指多少以上、多少以下呢？

我來說明一下。
母體的內閣支持率，以後我們會用希臘字母「μ」（mu）來表示。當信賴水準為95%時，μ的信賴區間公式如下。

$$0.4025 - 1.96 \times \frac{\sqrt{0.4025(1-0.4025)}}{\sqrt{1600}} \leq \mu \leq 0.4025 + 1.96 \times \frac{\sqrt{0.4025(1-0.4025)}}{\sqrt{1600}}$$

乍看之下可能會覺得很複雜，但仔細一看，公式中出現的數值只有**「樣本比例」（0.4025）**和**「樣本人數」（1600）**，以及信賴水準95%所代表的**「1.96」**而已。「1.96」是前面介紹標準常態分布時出現的數值（→148頁）！

喔喔喔，前面學到的知識派上用場了！

這個式子經過計算，可以得到μ大約落在0.3785以上、0.4265以下。

$$0.3785 \leq \mu \leq 0.4265$$

總而言之，**雖然最終仍不清楚 μ 的具體數值，但應該是落在37.85％以上和42.65％以下的範圍內，這一點是毫無疑問的。**

也就是說，如果認為樣本的內閣支持率為40.25％，所以μ值也差不多會落在這個數值附近的話，那麼它其實有可能會是38.6％或者42.3％。

沒錯。

推導信賴區間的公式

接下來要介紹剛才的信賴區間公式是如何推導出來的。

麻煩您了！

下面試著做個實驗。在進行實驗的時候，假設日本的全體選民是由50,000人組成，其中的38％，也就是19,000人對內閣表示支持。

	你支持現任內閣嗎？
選民1	0
⋮	⋮
選民50000	0
比例（平均數）μ	$\dfrac{19000}{50000}=\dfrac{\overbrace{1+\cdots+1}^{19000}+\overbrace{0+\cdots+0}^{31000}}{50000}=0.38$
變異數 σ^2	$\dfrac{\overbrace{(1-0.38)^2+\cdots+(1-0.38)^2}^{19000}+\overbrace{(0-0.38)^2+\cdots+(0-0.38)^2}^{31000}}{50000}$ $=0.38(1-0.38)$
標準差 σ	$\sqrt{0.38(1-0.38)}=0.4854$

 嗯。

 這個實驗的內容如下。

① 從母體「日本全體選民」之中，隨機抽出 1,600 人。

② 調查①的 1,600 人當中，內閣的支持率 x̄。

③ 將抽出的 1,600 人放回母體。

④ 重複步驟①到③，來回 10,000 次。

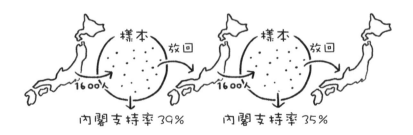

居然要做10,000次！

 實驗的結果經過整理，如下表所示。表格內共記錄了10,000次抽問的內閣支持率。

例如第102次抽出的1,600人中，內閣支持率為0.415。10,000次的平均數為0.3798，**與 μ 值0.38相近**。到這裡還跟得上嗎？

	抽出的1600人的內閣支持率 $\bar{x}$
第1次	0.3869
⋮	⋮
第102次	0.415
⋮	⋮
第10000次	0.3694
平均數	$0.3798 \approx 0.38 = \mu$
標準差	$0.0118 \approx 0.0121 = \dfrac{0.4854}{\sqrt{1600}} = \dfrac{\sigma}{\sqrt{n}}$

 沒問題。話說回來，表格內有個形狀彎彎曲曲的「≈」符號，這是什麼意思啊？

 這個符號是「近似」的意思。你只要想成是「因為不完全相等，所以等號呈現彎彎曲曲的樣子」，這樣就能輕鬆記住。

 原來如此。

再看一次剛才的表格。10,000次的標準差為0.0118，**與 $\frac{\sigma}{\sqrt{n}}$ 的值0.0121近似**。σ是母體的標準差，n是樣本人數的意思。

確實滿接近的。

11萬次實驗結果的直方圖如下所示，縱軸為「$\frac{\text{相對次數}}{\text{組距}}$」。

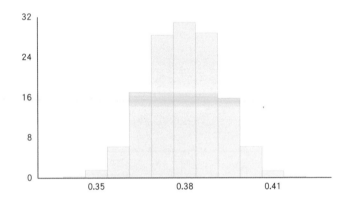

喔，形狀看起來很像常態分布嘛。

對啊。讓我們整理一下內容。

如果重複進行從母體中隨機抽出樣本並放回的行為，直方圖的組距就會不斷縮小，最終縮小到極致，呈現接近常態分布的曲線形狀。

其平均數近似於母體的比例（平均數）μ，

標準差近似於 $\frac{\sigma}{\sqrt{n}}$，亦即母體的標準差除以樣本人數的平方根。到這裡有問題嗎？

完全沒問題。

那我就繼續說下去囉。這張表格是針對抽出的1,600人，對其內閣支持率$\bar{x}$進行標準化而得到的結果。

	抽出的1600人的內閣支持率 $\bar{x}$	$\bar{x}$的標準化值 $\dfrac{\bar{x}-\mu}{\frac{\sigma}{\sqrt{n}}}=\dfrac{\bar{x}-0.38}{\frac{0.4854}{\sqrt{1600}}}$
第1次	0.3869	$\dfrac{0.3869-0.38}{\frac{0.4854}{\sqrt{1600}}}=0.5666$
⋮	⋮	⋮
第102次	0.415	$\dfrac{0.415-0.38}{\frac{0.4854}{\sqrt{1600}}}=2.8843$
⋮	⋮	⋮
第10000次	0.3694	$\dfrac{0.3694-0.38}{\frac{0.4854}{\sqrt{1600}}}=-0.8756$
平均數	$0.3798 \approx 0.38 = \mu$	$-0.0137 \approx 0$
標準差	$0.0118 \approx 0.0121 = \dfrac{0.4854}{\sqrt{1600}} = \dfrac{\sigma}{\sqrt{n}}$	$0.9698 \approx 1$

此外，將$\bar{x}$的標準化值繪製成縱軸為「$\dfrac{相對次數}{組距}$」的直方圖，結果如下。

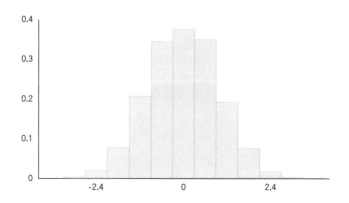

既然 $\bar{x}$ 接近常態分布，那麼 $\bar{x}$ 的標準化值也可以視為常態分布，是這個意思吧。

可惜答錯囉！要將其視為標準常態分布。

啊，對喔！平均值為0，標準差為1的常態分布，名字叫作標準常態分布。

鄉先生，問你一個問題。假設 $\bar{x}$ 的標準化值 $\dfrac{\bar{x}-\mu}{\frac{\sigma}{\sqrt{n}}}$ 服從標準常態分布的話，那麼在之前的10,000次實驗中，下列公式成立的比例是多少呢？

$$-1.96 \le \frac{\bar{x}-\mu}{\frac{\sigma}{\sqrt{n}}} \le 1.96$$

咦？咦？咦？（焦慮）

不要被公式所迷惑。

我先前提過，在10,000次實驗中，$\dfrac{\bar{x}-\mu}{\frac{\sigma}{\sqrt{n}}}$ 的數值經過計算，也

就是 $\dfrac{\bar{x}-0.38}{\frac{0.4854}{\sqrt{1600}}}$ 的數值經過實際計算，是落在－1.96到1.96範圍

內的比例。

我想想，如果 $\dfrac{\bar{x}-0.38}{\dfrac{0.4854}{\sqrt{1600}}}$ 的直方圖組距愈小，就愈接近標準常態

分布的曲線，而標準常態分布－1.96到1.96的面積是0.95，所以比例是「0.95（$=\dfrac{9500\text{次}}{10000\text{次}}$）」嗎？

 你差點就答對了！ 正確答案是「約0.95」。

 您別捉弄我了啦，就算有沒有加上「約」這個字都無所謂吧。（噴）

 不，有沒有加上「約」這個字很重要。
從常識來看，無論重複實驗的次數是1萬次還是1億次，只

要沒有出現奇跡，就不可能**恰好是「0.95（ $=\dfrac{9500\text{次}}{10000\text{次}}=$**

$\dfrac{95000000\text{次}}{100000000\text{次}}$ **）」吧？**

 經您這麼一說，確實如此。

 10,000次的實驗中，剛才的公式實際成立的比例是多少，我們將它整理成表格。

	抽出的1600人的 內閣支持率 $\bar{x}$	$\bar{x}$的標準化值 $\dfrac{\bar{x}-\mu}{\dfrac{\sigma}{\sqrt{n}}}=\dfrac{\bar{x}-0.38}{\dfrac{0.4854}{\sqrt{1600}}}$	下式關係成立？ （成立=1,不成立=0） $-1.96\leq\dfrac{\bar{x}-0.38}{\dfrac{0.4854}{\sqrt{1600}}}\leq1.96$
第1次	0.3869	$\dfrac{0.3869\text{-}0.38}{\dfrac{0.4854}{\sqrt{1600}}}=0.5666$	1
⋮	⋮	⋮	⋮
第102次	0.415	$\dfrac{0.415\text{-}0.38}{\dfrac{0.4854}{\sqrt{1600}}}=2.8843$	0
⋮	⋮	⋮	⋮
第10000次	0.3694	$\dfrac{0.3694\text{-}0.38}{\dfrac{0.4854}{\sqrt{1600}}}=-0.8756$	1
平均數	$0.3798\approx0.38$ $=\mu$	$-0.0137\approx0$	$\dfrac{\overbrace{1+\cdots+1}^{9622}+\overbrace{0+\cdots+0}^{378}}{10000}$ $=\dfrac{9622}{10000}$ $=0.9622$ ≈0.95
標準差	$0.0118\approx0.0121$ $=\dfrac{0.4854}{\sqrt{1600}}$ $=\dfrac{\sigma}{\sqrt{n}}$	$0.9698\approx1$	✕

平均數是0.9622，確實是「約0.95」。

接下來，我們將剛才的公式轉換一下，讓內閣支持率μ成為主體。

$$-1.96 \leq \frac{\bar{x} - \mu}{\frac{\sigma}{\sqrt{n}}} \leq 1.96$$

$$-1.96 \times \frac{\sigma}{\sqrt{n}} \leq \bar{x} - \mu \leq 1.96 \times \frac{\sigma}{\sqrt{n}}$$

$$-1.96 \times \frac{\sigma}{\sqrt{n}} \leq \bar{x} - \mu \quad \text{且} \quad \bar{x} - \mu \leq 1.96 \times \frac{\sigma}{\sqrt{n}}$$

$$\mu \leq \bar{x} + 1.96 \times \frac{\sigma}{\sqrt{n}} \quad \text{且} \quad \bar{x} - 1.96 \times \frac{\sigma}{\sqrt{n}} \leq \mu$$

$$\bar{x} - 1.96 \times \frac{\sigma}{\sqrt{n}} \leq \mu \leq \bar{x} + 1.96 \times \frac{\sigma}{\sqrt{n}}$$

 把前面的內容整理一下，可以用下列的方式來解釋。

從母體中隨機抽出樣本後放回，不斷重複這個行為。
其中，以下關係成立的比例，可視為0.95。

$$\bar{x} - 1.96 \times \frac{\sigma}{\sqrt{n}} \leq \mu \leq \bar{x} + 1.96 \times \frac{\sigma}{\sqrt{n}}$$

這裡的0.95是「信賴水準95%」的意思。

 喔——。

另外，$\bar{x}$是樣本比例，n是樣本人數，σ是母體的標準差。在剛才的實驗中，σ值已經事先確定，但在一般情況下，σ值是無法得知的。

那是當然的吧。

根據統計學的解釋，這樣的做法說得好聽點是彈性，說得難聽點其實是作弊。

統計學是這麼解釋的：**既然樣本是從母體中隨機抽出的，那麼母體的標準差 σ，與樣本的標準差 $\sqrt{\bar{x}(1-\bar{x})}$，兩者之間應該沒有太大差別。**

莫非是用樣本的標準差來取代？

對，這個即為取代後的結果。方框內的最後一行，就是我們千呼萬喚始出來的信賴區間公式。

從母體中隨機抽出樣本後放回，不斷重複這個行為。其中，以下關係成立的比例，可視為 0.95。

$$\bar{x}-1.96\times\frac{\sqrt{\bar{x}(1-\bar{x})}}{\sqrt{n}} \leq \mu \leq \bar{x}+1.96\times\frac{\sqrt{\bar{x}(1-\bar{x})}}{\sqrt{n}}$$

⇨ 只調查一次的信賴區間值得信賴嗎？

在剛才的實驗中，我們重複抽出共 10,000 次，但實際上幾家
主流媒體的調查，每家公司都只做了一次。
用這樣的調查結果代入的信賴區間值得相信嗎？

鄉先生這個「值得相信嗎？」的疑問，是指 μ 真的會落在信賴
區間內的意思嗎？

是的。

只要我們沒有拿到母體的資料，就無從得知是否真的落入信賴
區間內。
話雖如此，從剛才的實驗中可以看出，以下公式「不」成立的
比例，只不過約 0.05 罷了。

$$-1.96 \leq \frac{\bar{x} - \mu}{\frac{\sigma}{\sqrt{n}}} \leq 1.96$$

如果是這樣的話，我們可以很自然地推論，把僅僅一次的調查
結果代入公式當中，μ 有極大的機率會落入這個信賴區間內。

原來如此。

⇨ 樣本人數、信賴區間與信賴水準的關係

老師，樣本要有多少人才比較合適呢？就我個人的感覺，只有20個人一定不夠，如果有1,000個人的話，我想應該勉強還可以信任。

非常好的問題。其實統計學在這方面並沒有硬性規定。

竟然沒有，真教人意外！

話雖如此，但只要觀察信賴區間的公式就會明白，樣本的人數愈多，信賴區間就愈狹窄。

也對。

換句話說，如果樣本人數不夠多，信賴區間的範圍就會變得非常寬廣。
信賴區間的範圍變得寬廣，就如同得到「母體內閣支持率的 μ 值落在『0以上、1以下』的範圍內，這個結果大概沒錯吧」的結論，這樣的信賴區間對於估計一點幫助也沒有。

信賴水準固定都是使用95％嗎？不會遇到類似45％或83％的情況嗎？

這個問題問得真好。
信賴水準**並非在計算出信賴區間之後才「得知的數字」，而是**

在計算信賴區間之前，「由分析人員所指定的數字」。

 所以依照分析人員的判斷，將其定為75%或90%也可以囉？

 可以的。不過**一般都是用95%，極少數情況會使用99%。**沒什麼特別原因，只是一種習慣罷了。

如果想使用99%的話，只需要把95%時的「1.96」部分換成「2.58」即可。99和2.58是介紹標準常態分布的特徵（→148頁）的時候出現的數值。

 要是換成2.58，這樣的話信賴區間就會變得更寬了。

 不錯。認為「這樣應該沒錯吧」的程度，也就是信賴水準，當這個數值愈高，就意味著信賴區間也會隨之變得愈寬。

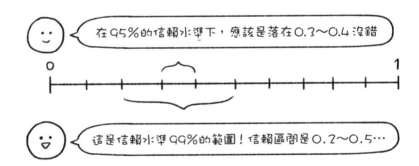

 換句話說，兩害相權取其輕的結果，養成使用95%的信賴水準比較妥當的習慣。

 也許是吧。

⇨ 為什麼主流媒體都不會報導「信賴區間」？

 針對母體比例估計的說明到此結束。
有沒有什麼問題？

 我全都懂了。但我有點納悶，連我這個文組人都能理解，為什麼主流媒體的調查卻從不呈現出信賴區間呢？

 我也覺得很好奇。我猜，原因或許是因為他們並沒有做到隨機抽樣。

 沒有做到隨機抽樣!?

 舉例來說，像內閣支持率的調查方法，目前幾乎都是利用打電話的方式進行。附帶一提，這種調查方法稱為**「RDD調查」**，RDD是「Random Digit Dialing」（隨機撥號）的簡稱。

 喔～具體上是如何進行調查呢？

 簡單來說，就是透過電腦隨機產生電話號碼，再根據號碼撥打電話給受訪者。

 這樣不就是隨機抽樣嗎？

 你漏掉非常重要的一點，並不是所有的選民都有電話。除此之外，有些人除了自己的手機之外，還得隨身帶著公司所配發的公務手機。

 的確是這樣……。

 總而言之，RDD調查的母體是「在日本使用的所有電話號碼」，而不是真正的調查對象，也就是「日本的全體選人」。

再加上，各家媒體在進行統計時，是如何處理不接電話和接電話卻拒絕回答的人的資料，這點也很令人在意。

 確實如此。

 就我來看，這些可能都是主流媒體不願報導信賴區間，或者無法計算信賴區間的原因吧。

 事情並不如想像中那麼簡單。

 就是說啊。

 話說回來，RDD調查是直接撥打手機或家裡的電話嗎？

是的。

 如果是我，絕對不會接電話。

 我能理解你的心情。然而，這裡有份2015年3月做的舊資料，根據NHK和報社等組成的手機RDD研究會（日本民意調查協會會員志願參加）的「手機RDD實驗調查結果總結」的資料，出人意外地，人們似乎都會接聽電話，也會協助回答。

 欸～真是世事難料啊。

Rrrring!

第 6 天課程學到的內容

➡ 在統計學中，可以做出母體的比例 μ，數值落在「▲以上、◆以下」的範圍內「應該不會有錯」的推論。

➡ 對「▲以上、◆以下」的範圍進行估計的行為，在統計學上稱為「區間估計」，估計的範圍稱為「信賴區間」，認為「大概不會有錯」的程度，稱為「信賴水準」。

➡ 信賴水準並非在計算出信賴區間之後才「得知的數字」，而是在計算信賴區間之前，「由分析人員所指定的數字」。一般都是用95%，極少數情況會使用99%。

➡ 有個由二進位資料組成的母體，如果重複進行從這個母體中隨機抽出樣本並放回的行為，直方圖的組距就會不斷縮小，最終縮小到極致，呈現接近常態分布的曲線形狀，其平均數近似於母體的比例（平均數）μ，標準差近似於 $\dfrac{\sigma}{\sqrt{n}}$，亦即母體的標準差除以樣本人數的平方根。

第
7
天

實踐！
嘗試進行
複迴歸分析

試著充分瞭解
迴歸分析！

在介紹主流的分析方法「複迴歸分析」之前，先從「迴歸分析」開始介紹。我們可以使用Excel來預測感興趣的數值。

⇨ 什麼是迴歸分析？

終於熬到最後一天的課程了……。我記得老師提到今天要教的是複迴歸分析沒錯吧。

是的。複迴歸分析和昨天介紹的「母體比例估計」一樣，兩者都是當前非常主流的分析方法。

我覺得母體比例的估計並不如想像中那麼困難。

鄉先生，你有所成長了（淚）。我想，複迴歸分析對你來說應該也沒問題。

在今天的課程中，首要之務是讓大家掌握複迴歸分析的感覺，所以我會盡量跳過複雜艱澀的數學部分。

得救了！（笑）

不過，為了方便各位理解，我會先從「迴歸分析」開始介紹，接下來才會講到今天的主題複迴歸分析。

 迴歸分析和複迴歸分析有什麼不同？

 簡單一句話，複迴歸分析算是迴歸分析的進階版。我用下面這張圖來呈現兩者之間的差異。目前只要注意兩者的形狀不同即可，無須在意其他細節。順帶一提，複迴歸分析的「複」字，是源自英語的「multiple」。

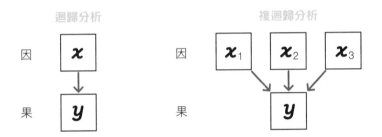

迴歸分析

因　x

果　y

複迴歸分析

因　x_1　x_2　x_3

果　y

 迴歸分析只有一個「因」，複迴歸分析有多個「因」……，我好像已經明白「複」的意思了。

 那麼下面就開始進行迴歸分析的說明。

所謂的「迴歸分析」，是分別準備相當於「因」和「果」的變數 x 和 y，計算出充分掌握兩者之間關係的公式 $y = ax + b$，這個公式叫作「迴歸方程式」，這種分析方法就是讓我們利用迴歸方程式來預測 y 值。

 ……我完全聽不懂你在說些什麼東東啦。

（※譯註：日本搞笑藝人富澤岳史的搞笑梗）

我是富澤岳史

181

我會用簡單易懂的例子繼續說明，請你務必跟上腳步。

這裡準備的例子是某家咖啡店的店長每天勤勤懇懇地記錄下來的資料，記載的內容是關於過去兩個星期的「最高氣溫」和「冰咖啡的訂單數」。

比如22日這天的最高氣溫為29度，共賣出357杯咖啡。最熱的一天是24日，共賣出420杯咖啡。

	最高氣溫（℃）x	冰咖啡的訂單數（杯）y
22日（一）	29	357
23日（二）	28	288
24日（三）	34	420
25日（四）	31	388
26日（五）	25	272
27日（六）	29	290
28日（日）	32	364
29日（一）	31	346
30日（二）	24	272
31日（三）	33	415
1日（四）	25	238
2日（五）	31	333
3日（六）	26	301
4日（日）	30	386
平均數	$\bar{x}=29.1$	$\bar{y}=333.6$

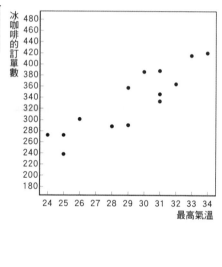

 這張圖上的資料點，看上去是朝右斜上發展。

 是吧。橫軸是最高氣溫，縱軸是冰咖啡的訂單數量。從圖中可以看出，最高氣溫愈高，店裡的冰咖啡就賣得愈好。由此判斷

「最高氣溫與冰咖啡訂單數之間存在著因果關係」，這是再自然不過的事。

 確實如此。

 因此我們要對此進行迴歸分析，透過這些資料，可以推導出下面的 **「迴歸方程式」**。

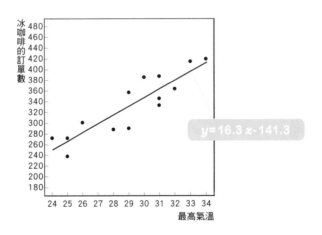

$y = 16.3 x - 141.3$

 喔喔！

迴歸方程式也能利用 Excel 導出，大家不妨試試看。選擇「資料」頁籤，在「分析」欄中選擇「資料分析」。

居然有那樣的功能嗎？……嗯？我的 Excel 是最新版的，卻找不到「資料分析」這個選項……。

啊，不好意思！是因為沒有預設的關係吧？
那麼，請按照我的步驟進行設定。首先，選擇「檔案」頁籤，找到「選項」之後，選擇「增益集」。接著，在「管理」欄中選擇「Excel 增益集」，點擊「執行」。將選項中的「分析工具箱」打勾，點擊「確定」。
（※譯註：Mac 版 Excel 設定「資料分析」的路徑為：工具→Excel 增益集→勾選「分析工具箱」）

……喔喔，出現了！

設定完畢之後，再試著用 Excel 進行迴歸分析吧。
選擇「資料」頁籤，在「分析」欄中選擇「資料分析」，這時就會出現「單因子變異數分析」、「亂數產生器」等各種選項。這裡請選擇「迴歸」。

我選好了。

在「輸入Y範圍」欄中指定「冰咖啡訂單數」的資料；「輸入X範圍」欄中則指定「最高氣溫」的資料（※譯註：選擇範圍時，須包含第一行的標題）。勾選「標記」後，其他地方保持不變，按下確定鍵即可。

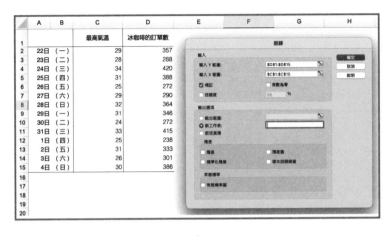

	係數	標準誤	t 統計	P-值	下限 95%	上限 95%	下限 95.0%	上限 95.0%

摘要輸出

迴歸統計	
R 的倍數	0.893044069
R 平方	0.797527708
調整的 R 平方	0.780655017
標準誤	26.9960992
觀察值個數	14

ANOVA

	自由度	SS	MS	F	顯著值
迴歸	1	34447.9561	34447.9561	47.26736889	1.71018E-05
殘差	12	8745.472467	728.7893722		
總和	13	43193.42857			

	係數	標準誤	t 統計	P-值	下限 95%	上限 95%	下限 95.0%	上限 95.0%
截距	-141.3480176	69.45369046	-2.03514049	0.064541315	-292.6746093	9.97857404	-292.6746093	9.97857404
最高氣溫	16.29625551	2.37032071	6.875126828	1.71018E-05	11.13177034	21.46074068	11.13177034	21.46074068

喔，這就是分析結果嗎？Excel上面出現了三個表格！
竟然這麼輕鬆就分析完成了⋯⋯！（感動）

請留意三個表格中最下面的表格。注意到了嗎？表格左側的「係數」欄內，記載著183頁中出現的迴歸方程式a和b的值。

真的耶！

今天的課程重點不是介紹Excel的輸出結果，所以其他數值和剩下的兩個表格，這裡就不多做說明。即使不瞭解那兩個表格的詳細內容，也不會對目前造成困擾，所以這部分請先忽略。

好了，導出迴歸方程式之後，我們就可以把各種值代入 x 中，利用方程式進行計算，藉此預測訂單數 y 將是多少。

例如，根據氣象預報顯示，明天的最高氣溫為27度，那麼店長只需要將27代入迴歸方程式中的 x，如此一來就能預測「明天應該能賣出299杯左右的咖啡」。

$$16.3 \times 27 - 141.3 \approx 299$$

彎彎曲曲的符號又出現了！

我再重新說明一遍。
所謂的「迴歸分析」，是分別準備相當於「因」和「果」的變數 x 和 y，計算出充分掌握兩者之間關係的公式 $y = ax + b$，這個公式叫作「迴歸方程式」，這種分析方法就是讓我們利用迴歸方程式來預測 y 值。
順帶一提，相當於「斜率」的 a 稱為**「迴歸係數」**。

迴歸分析感覺起來一點也不難嘛。

⤷ 代入公式，就能計算迴歸方程式！

既然機會難得，我就在這裡稍微說明一下計算方式吧。

如何具體計算出迴歸方程式中的 a 和 b 呢？其實可以利用公式來計算。只要把「因」和「果」的資料，以及各自的平均數代入公式中即可求出。

$$\cdot\, a = \frac{S_{xy}}{S_{xx}} = \frac{(29-29.1)(357-333.6)+\cdots+(30-29.1)(386-333.6)}{(29-29.1)^2+\cdots+(30-29.1)^2} = 16.3$$

$$\cdot\, b = \bar{y} - \bar{x}a = 333.6 - 29.1 \times 16.3 = -141.3$$

乍看之下非常複雜，但因為只是把資料代入，計算起來或許並不難。

在 a 的公式中，分母 S_{xx} 是 x 的平方和，分子 S_{xy} 是 x 和 y 的乘積和。

平方和與乘積和，都曾在掌握資料感覺的課程中出現過對吧？

你記得真清楚，做得真棒！

附帶一提，剛才只是把公式呈現出來，我並沒有針對推導公式的過程進行說明。我特別將說明的部分放在本書最後（→228頁）的附錄，方便對這方面有興趣的讀者瞭解。

接著針對迴歸方程式的解釋進行說明。

$$y = 16.3x - 141.3$$

　　↑　　　　　↑
冰咖啡的訂單數　最高氣溫

迴歸係數 a 的值為 16.3，這意味著最高氣溫每上升 1 度，訂單數就會隨之增加 16.3 杯。

 是這樣啊。那麼 b 值又該如何看待？
這個數字是－141.3⋯⋯不就表示當最高氣溫為 0 度時，訂單數為負的 141 杯？
欸，怎麼可能有這種事啦！

我們再重新觀察一次迴歸分析的對象，也就是兩個星期的資料。最高氣溫的最小值是24度，最大值是34度。

像是0度、17度或42度這類超出這個範圍的最高氣溫，若將這些數值代入x進行預測，是不值得推薦的行為。

這是為什麼？

因為都超出我們的資料範圍，屬於未知的世界。

最高氣溫　　24度　　　34度

原來如此……

⇨ 什麼是實測值、預測值和殘差？

原始資料中的y，在統計學中稱為**「實測值」**，任意代入迴歸方程式中的x的值，稱為**「預測值」**。

不是「估計值」嗎？

「**估計**」是針對母體的觀點，「**預測**」是針對未來的觀點。

嗯嗯。

用符號表示預測值時，如下所示。

$$\hat{y} = 16.3x - 141.3$$

看起來好像法語（笑）。

這個符號的形狀彷彿 y 的頭上戴著一頂帽子，所以讀作「y hat」。

此外，實測值 y 和預測值 $\hat{y}$ 的偏差，也就是「$y - \hat{y}$」，就稱為**「殘差」**，通常是以 e 來表示。雖然符號相同，但一定要注意，這裡的 e 並非自然底數。

讓我們確認一下實測值 y、預測值 $\hat{y}$ 和殘差 e 吧。

	最高氣溫（℃）x	實測值（杯）y	預測值（杯）$\hat{y}=16.3x-141.3$	殘差（杯）$e=y-\hat{y}$
22日（一）	29	357	331.2	25.8
23日（二）	28	288	314.9	-26.9
24日（三）	34	420	412.7	7.3
25日（四）	31	388	363.8	24.2
26日（五）	25	272	266.1	5.9
27日（六）	29	290	331.2	-41.2
28日（日）	32	364	380.1	-16.1
29日（一）	31	346	363.8	-17.8
30日（二）	24	272	249.8	22.2
31日（三）	33	415	396.4	18.6
1日（四）	25	238	266.1	-28.1
2日（五）	31	333	363.8	-30.8
3日（六）	26	301	282.4	18.6
4日（日）	30	386	347.5	38.5
平均數	$\bar{x}=29.1$	$\bar{y}=333.6$	$\bar{\hat{y}}=333.6=\bar{y}$	$\bar{e}=0$
平方和	$S_{xx}=129.71$	$S_{yy}=43193.43$	$S_{\hat{y}}=34447.96$	$S_e=8745.47$

 咦？**實測值 y 和預測值 $\hat{y}$ 的平均數都相同**呢，而**殘差 e 的平均數是 0**。

 這並非出於偶然，而是**迴歸分析必然會出現的結果**。

 喔？

 不妨檢視一下實測值 y 和預測值 $\hat{y}$ 的曲線圖，橫軸為日期，縱軸為冰咖啡的訂單數。

實測值 —●— 預測值

哇，實測值 y 和預測值 $\hat{y}$ 的偏差並不大，
應該説兩者相當接近！

兩者確實滿像的。所以囉，使用計算出來的迴歸方程式進行預
測，我想應該具有相當程度的可信度。

這麼説來，在進行母體比例估計的時候，曾出現類似「信賴水
準95%」的説法，那麼迴歸分析中也有這樣的説法嗎？

問得很好，當然有。
我們可以算出**在95%的信賴水準下，最高氣溫為★度時的訂
單數為▲杯以上、◆杯以下**的「**預測區間**」。

預測區間？

對。也就是説，通過迴歸分析，我們可以做出「最高氣溫為★
度時的訂單數應該會落在▲杯以上、◆杯以下的範圍內」這類
具有一定範圍的預測。95%信賴水準的預測區間，若以陰
影來呈現，如下圖所示。

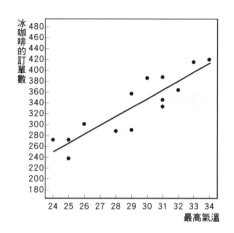

 預測區間的範圍不是固定的嗎？

 並非固定的喔，離最高氣溫的平均數 $\bar{x}$ 愈遠，範圍就愈大。

 從這個例子來看，預測區間具體上呈現什麼樣的感覺呢？

 以最高氣溫為 27 度為例，在 95% 的信賴水準下，預測區間為 237 杯以上、361 杯以下。

 從 361 到 237，兩者差了 124 杯……，這看起來範圍也太大了吧（汗）。

 因為這是在設想「不測事態」的基礎上進行的計算。
順便一提，預測區間的計算並不容易。對我們而言，**可以進行具有範圍的預測**是當前最重要的事，具體的計算方法先不用去管它。
以上就是迴歸分析的基本介紹。

想不到竟出乎意料地讓我順利理解,這都多虧了老師特別省略
數學方面的說明(笑)。

⇨ 什麼是判定係數?

下面介紹一些偏重數學的話題。我們剛才通過實測值 y 和預測
值 $\hat{y}$ 的折線圖確認了迴歸方程式的精準度,其實有一個指標也
可以清楚地反映出精準度。
這項指標稱為**「判定係數」**,一般用 R^2 這個符號來表示。

也就是説,判定係數這個數值,可以成為判斷分析順利與否的
標準?

是的。判定係數的計算方式為**「預測值 $\hat{y}$ 的平方和 $S_{\hat{y}\hat{y}}$,除以
實測值 y 的平方和 S_{yy}」**。

$$R^2 = \frac{S_{\hat{y}\hat{y}}}{S_{yy}}$$

其最大值是1,最小值是0。這個值愈接近1,就表示迴歸方程
式的精準度愈高。

這個公式是從哪裡冒出來的?

我來説明一下。雖然式子看起來有些雜亂,但不難理解。在剛
才的例子中,實測值 y 的平方和 S_{yy} 如下所示。

$$S_{yy} = (357 - \bar{y})^2 + \cdots + (386 - \bar{y})^2$$

省略中間的計算過程，S_{yy} 可以轉換成下面的式子。

$$
\begin{aligned}
S_{yy} &= (357 - \bar{y})^2 + \cdots + (386 - \bar{y})^2 \\
&= \{(331.2 - \bar{\hat{y}})^2 + \cdots + (347.5 - \bar{\hat{y}})^2\} + \{(25.8 - \bar{e})^2 + \cdots + (38.5 - \bar{e})^2\}
\end{aligned}
$$

第二行的第 1 項是預測值 $\hat{y}$ 的平方和 $S_{\hat{y}\hat{y}}$，第 2 項是殘差 e 的平方和 S_e。

 我需要一些時間看懂這個式子，請您等我一下……。
啊，真的耶。

 換句話說，下面這個式子的關係成立。

$$S_{yy} = S_{\hat{y}\hat{y}} + S_e$$

接著，我們試著把這個式子的兩邊各除以 S_{yy}。

$$1 = \frac{S_{\hat{y}\hat{y}}}{S_{yy}} + \frac{S_e}{S_{yy}}$$

 我愈來愈跟不上了……。

我快説完了（笑）。

這個式子等號右邊的第 1 項為「預測值 $\hat{y}$ 的平方和除以實測值 y 的平方和」。換句話説，就是**「預測值 $\hat{y}$ 的平方和占實測值 y 的平方和的比例」**。此即判定係數 R^2。

 喔——。

 再談談第 2 項，這是**「殘差 e 的平方和占實測值 y 的平方和的比例」**。

 原來是這樣，判定係數 R^2 是比例，所以最小值是 0，最大值是 1。

 沒錯。

 什麼情況下判定係數 R^2 會等於 1 呢？

 當殘差 e 的平方和 S_e 為 0 的時候。

 $S_e = 0$ 不就表示……實測值 y 和預測值 $\hat{y}$ 完全沒有偏差？

 沒錯。只有在分析對象的資料完全呈直線排列時，殘差 e 的平方和才會等於 0。總之，影響 y 值大小的變數只有 x，在現實資料中，根本不太可能出現 $R^2 = 1$ 的情況吧。

 反過來看，判定係數 R^2 什麼時候會等於 0？

當導出 $y = 0 \times x + b$ 的迴歸方程式的時候。

 所以？

 若 $R^2 = 0$，就表示 x 對 y 值完全不會造成任何影響。

 x 和 y 沒有因果關係的意思嗎？

 是的。換句話說，因為 x 並非影響 y 值大小的變數，既然兩者沒有因果關係，那麼選擇 x 進行分析並不恰當。

 原來如此。

 從以上這些觀點來看，我們也可以說**判定係數 R^2 代表「x 對 y 帶來的影響力」**。

$$1 = R^2 + \frac{S_e}{S_{yy}}$$

x 對 y 帶來的影響力　　　x 以外的其他因素對 y 帶來的影響力

由於是從為數眾多的變數中仔細挑選出 x 進行迴歸分析，因此 x 對 y 產生的影響力，也就是判定係數 R^2 的值最好要愈大愈好。

有沒有一種統計學上的標準可供我們判斷，判定係數 R^2 的值在多少以上，迴歸方程式就有很高的精準度？

並沒有。

沒有標準嗎!?

但就我個人而言，我會希望 x 的影響力至少能達到一半以上，所以0.5應該可以當成是一種標準。

順帶一提，剛才冰咖啡訂單數和最高氣溫的例子中，判定係數為0.798。我認為這個迴歸方程式的精準度還不錯。

不過，這個判定係數離1還有一段距離吧。

就一般常識來説，影響冰咖啡訂單數量的因素，如果只有最高氣溫一項的話，實在有違常理。所以説，判定係數有0.798已經算相當不錯了。

換句話説，根據我的經驗，使用實際的資料進行迴歸分析的時候，若判定係數出現0.8或0.9的數值，這實在非常難以想像。

附帶一提，判定係數 R^2 的值也能利用Excel來計算。請看前面Excel分析結果最上面的表格，「R平方」這一欄就是判定係數。我不知道Excel為何會把判定係數取名為複判定，總之不管這些，這一欄的數值就是判定係數 R^2。

長條圖的使用禁忌

將資料的統計結果繪製成圖時，最好要注意一下使用條形圖呈現的方式。

下圖是將某間家庭餐廳的問卷調查結果，分別以橫條圖和條形圖來呈現。

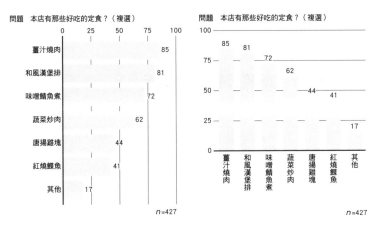

由於經過多年的教育，我們已經習慣將視角從左上方移到右下方。因此可以一瞬間理解橫條圖所代表的意思。因為刻度的數值是由左（0）往右（100）標記，加上選項名稱也寫在左側，所以很容易進入我們的視野當中。

換句話說，如果是用條形圖呈現的話，我們需要一些時間才能理解它代表的意思。因為刻度的數值是由下（0）往上（100）標記，加上選項名稱也寫在下方，不太容易進入我們的視野當中。

雖然並非絕對不能這麼做，但盡量避免使用條形圖來呈現資料，這樣的做法會比較來得恰當。

LESSON

第 **2** 堂課

試著充分瞭解
複迴歸分析！

終於要進入今天的主題複迴歸分析。只要理解迴歸分析，學會複迴歸分析也不是什麼難事！它也可以使用 Excel 進行分析。

⇨ 複迴歸分析，迴歸分析的進階版

 那麼，下面開始介紹今天的主題複迴歸分析。

迴歸分析中的 x，相當於因果的「因」，這個變數只有一個。**x 超過兩個以上的迴歸分析，就是「複迴歸分析」。**

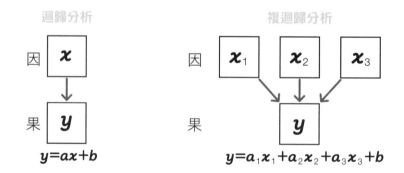

迴歸分析

因 x

果 y

$$y = ax + b$$

複迴歸分析

因 x_1 x_2 x_3

果 y

$$y = a_1 x_1 + a_2 x_2 + a_3 x_3 + b$$

 這裡準備了一組某家連鎖咖啡店的資料。表格內記載著 56 家店鋪的「座位數」、「從最近車站的步行時間」、「是否提供酒精飲料」以及「去年的營業額」。

	座位數	從最近車站的步行時間	提供酒精飲料	營業額		座位數	從最近車站的步行時間	提供酒精飲料	營業額
	（座位）	（分）	（1＝yes）	（萬日圓）		（座位）	（分）	（1＝yes）	（萬日圓）
	x_1	x_2	x_3	y		x_1	x_2	x_3	y
店1	77	2	1	8830	店29	51	4.5	1	7405
店2	61	6	1	7803	店30	58	1.5	1	9401
店3	37	4	0	7978	店31	44	8	0	7859
店4	54	9	1	8316	店32	70	6	0	7864
店5	50	0.5	1	7631	店33	33	6.5	0	7182
店6	53	6	0	7010	店34	65	8.5	0	8320
店7	69	9.5	0	7295	店35	74	5.5	1	8545
店8	67	7	0	7979	店36	55	4	0	7859
店9	36	9.5	0	7749	店37	65	9	0	7915
店10	74	3.5	0	8434	店38	37	2	1	8711
店11	58	4	1	9736	店39	38	3.5	0	7347
店12	77	7	1	9226	店40	65	1	0	8655
店13	47	6.5	0	7235	店41	36	9	1	7410
店14	41	3	0	8718	店42	78	6	1	8658
店15	55	9.5	1	8374	店43	37	0.5	0	9853
店16	50	4	0	7178	店44	78	1	0	9795
店17	39	2	0	7800	店45	82	1.5	0	8881
店18	62	4.5	0	9288	店46	66	1.5	0	7061
店19	68	6	0	8378	店47	80	0.5	1	9685
店20	41	7	1	7631	店48	52	8	1	8596
店21	56	0.5	0	7521	店49	53	6	0	8771
店22	61	2.5	1	9396	店50	74	3	0	7460
店23	39	2	0	7461	店51	76	9	0	7289
店24	49	4.5	0	9346	店52	52	6	0	8831
店25	60	4	0	7689	店53	61	4	1	9629
店26	62	4	1	9458	店54	68	5.5	0	7460
店27	66	2	0	8602	店55	63	9	0	7978
店28	50	5	1	7581	店56	69	4	0	9622
					平均	$\bar{x}_1=57.8$	$\bar{x}_2=4.8$	$\bar{x}_3=0.4$	$\bar{y}=8280.1$

所以，這裡要預測的是……今年的營業額？

 答對了！因為我希望大家把注意力放在結果上，而不是計算過程，所以這裡會省略說明，不過只要對這些資料進行分析，就能導出下列「**複迴歸方程式**」的式子。

$$y = 16.2x_1 - 95.8x_2 + 488.2x_3 + 7627.5$$

↑	↑	↑	↑
營業額	座位數	從最近車站的 步行時間	是否提供 酒精飲料

 感覺似乎很複雜。

 不會啦，你只要冷靜地仔細確認，就會發現一點也不難。
這個式子的意思是……

> ・每增加 1 個座位，營業額就會增加 16.2 萬日圓。
>
> ・從最近車站的步行時間每增加 1 分鐘，營業額就會減少 95.8 萬日圓。
>
> ・提供酒精飲料的店鋪，營業額比不提供酒精飲料的店鋪多 488.2 萬日圓。

喔喔，竟然也能瞭解這些事！

這裡唯一要注意的地方，就是 x_3 為二進位的類別資料。

只能代入 0 或 1 的意思吧！

是的。

剛才是用 Excel 來進行迴歸分析，複迴歸分析也可以用同樣的方式計算嗎？

當然可以。和迴歸分析一樣，首先選擇「資料」頁籤，找到「分析」欄位，選擇「資料分析」，最後選擇「迴歸」。

咦，選擇的不是「複迴歸」嗎？

嗯，用「迴歸」就可以了。Excel 裡面本來就沒有「複迴歸」這個選項。

在「輸入Y範圍」欄位中指定「營業額」的資料。在「輸入X範圍」欄位中指定「座位數」、「從最近車站的步行時間」、「是否提供酒精飲料」三列的資料（※譯註：選擇範圍時需包含第一行的標題）。勾選「標記」後，其他地方保持不變，按下確定鍵即可。

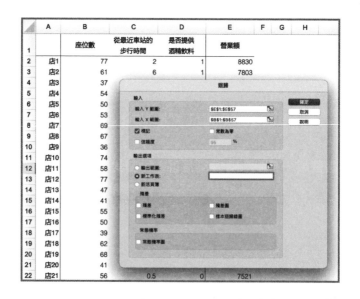

 輕輕鬆鬆就能完成分析，這也太方便了吧⋯⋯！
對了，我們要如何確認複迴歸方程式的精準度呢？

 和迴歸分析一樣，看判定係數 R^2，計算的觀念也相同。只不過，進行迴歸分析時，判定係數代表的是「x 對 y 帶來的影響力」，但在這個例子的複迴歸分析中，判定係數代表的是「x_1、x_2、x_3 對 y 帶來的影響力」。
我們試著計算一下這個例子中的判定係數 R^2。

$$R^2 = \frac{S_{\hat{y}\hat{y}}}{S_{yy}}$$
$$= \frac{10120975.3}{38511512.6}$$
$$= 0.263$$

0.263！這也太小了吧。

接著檢視一下實測值 y 和預測值 $\hat{y}$ 的曲線圖。

第
7
天

實
踐
！
嘗
試
進
行
複
迴
歸
分
析

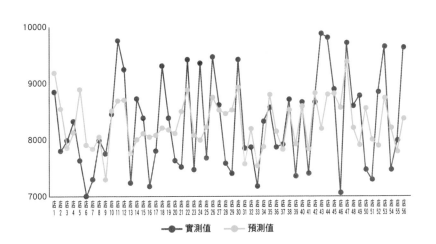

形狀一點也不像，或者應該說是完全偏離了預測值吧？

判定係數 R^2 的值愈小，實測值 y 和預測值 $\hat{y}$ 就偏離得愈遠，請大家務必將這個原則牢牢記住。

既然都計算出複迴歸方程式了，那麼就試著預測一下新開幕的店鋪能賺取多少營業額吧。以「座位數75」、「從最近的車站步行2分鐘」、「可以提供酒精飲料」作為條件。

$$\hat{y} = 16.2 \times 75 - 95.8 \times 2 + 488.2 \times 1 + 7627.5$$
$$\approx 9142$$

 大約9,142萬日圓。但一想到判定係數 R^2 的值和折線圖,這個預測值就不禁令人存疑……。

 這個數字實在無法讓人相信吧。

 這樣的話……輪到預測區間出場了嗎?

 你發現重點了。複迴歸分析也同樣可以計算出預測區間。
從剛才的例子來看,在95%的信賴水準下,其信賴區間為
7,592萬日圓以上、1億693萬日圓以下。

 最大值和最小值居然相差3,100萬日圓左右啊。
這樣的話……我們該怎麼做?

 這樣的差距是大是小,每個人的看法都不同,但以我的角度來看,這個範圍絕對不算小。因為經營順利的話,營業額預計會超過1億日圓;如果經營不順,營業額只有7,600萬日圓。

 像遇到這種情況時，我們該如何因應呢？

 首先想到的方法就是找出使判定係數 R^2 的值可能變得更大的變數，重新再進行一次分析。

 說的也是。

 採取正面進攻的手段，只不過……。

 不過？

 最好別抱太大的期待。這是因為如果能立刻想到「如果還有其他變數，就是那個變數嗎？」的話，那麼打從一開始分析的時候就應該包含這些變數才對。

 插座的數量、有無吸菸席、交通量、有無競爭對手……，如果加入這些因素進行分析的話，應該會得到不錯的結果吧。

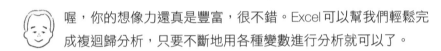喔，你的想像力還真是豐富，很不錯。Excel可以幫我們輕鬆完成複迴歸分析，只要不斷地用各種變數進行分析就可以了。

我覺得不如乾脆收集所有可能對 y 造成影響的變數，再以數學的方式鎖定幾個主要的變數，這樣說不定更有效率……。

聰明。世上真的有這樣的方法喔。

既然如此，為什麼不早點告訴我啦！

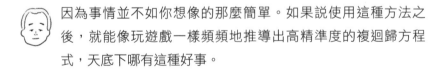因為事情並不如你想像的那麼簡單。如果說使用這種方法之後，就能像玩遊戲一樣頻頻地推導出高精準度的複迴歸方程式，天底下哪有這種好事。

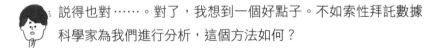說得也對……。對了，我想到一個好點子。不如索性拜託數據科學家為我們進行分析，這個方法如何？

確實，如果找這些人幫忙的話，或許他們會使用複迴歸分析以外的分析方法，以計算出精準度更高的預測值。如果經濟方面有餘裕的話，請務必委託這些人幫忙分析。

只是，如果事情都能如此輕易地順利解決，那麼世界上所有企業就不用再為了如何衝高業績而煩惱，企業也不會有面臨倒閉的問題了。

您的意思是，委託數據科學家分析一點意義也沒有嗎？

我不是這個意思。
我想說的是「最好別抱有過高的期待」。

這麼說起來，數據科學家到底都是怎麼做分析的？

你可別以為是什麼厲害的分析天才盯著數據若有所思，然後靈機一動隨即開口說道：「好，決定就用這個方法！」

不斷與客戶商談，弄清楚分析的主要目的，摸索符合這個目的的分析方法，同時在分析的過程中調查數據中是否摻雜異常值，感覺就像是以穩健的方式逐步進行分析。

唔～，想不到比想像中的還要普通。

值得注意的是，即使委託外部單位進行資料分析，也不能保證一定可以得出令人滿意的結果。搞不好甚至還有可能遭受負面的衝擊。

這是什麼意思？

我用剛才的例子來說明好了，假設這個由56家店鋪組成的連鎖咖啡店委託外部單位推導出高精準度的複迴歸方程式。如果計算出來的複迴歸方程式中不包含「從最近車站的步行時間」這個變數，你會怎麼想？

從我這個外行人的角度來看，判定係數 R^2 的值還算可以接受，但如果我是社長的話，會覺得無法接受這個結果。

我想也是。在談論營業額時，雖然「從最近車站的步行時間」在咖啡店業界是一般常識，但被委託分析的一方卻未必知道這一點。如果在進行分析前沒有經過充分的討論，就會產生像這樣的悲劇。

數據分析公司雖然在分析數據方面算是一流的專家，卻不可能熟悉各行各業的商業細節。

➡ 統計學並非萬用的魔法

我一開始還因為可以把迴歸分析和複迴歸分析活用於工作上而興奮不已，後來才發現用實際資料似乎不太容易推導出高精準度的公式，總覺得有些沮喪。

瞭解這個事實就是最大的收穫。使用統計學可以讓我們更接近真相，這句話雖不是謊言，但在實際使用的過程中會出現各種障礙。

統計學並不是魔法，它無法揭露世上所有的真相。

似乎是這樣沒錯。

 不過，在複迴歸分析中，我認為最好還是不要放棄「雖然推導出的複迴歸方程式看起來不可信，但仍舊選擇相信複迴歸方程式」的選項。

 這是什麼意思？

 簡單來說，就是「根據推導出來的複迴歸方程式得到的預測值，也許根本就不準確。但是，它可以作為我們討論今後應採取什麼行動的參考材料，若忽視複迴歸方程式的存在，其實是非常可惜的一件事」的意思。

 意思是？

 只要把它想成像地震預測那樣的東西就好。
舉例來說，我記得從我有記憶以來，就一直有人提醒「過不了多久就會發生東海地震」，但這個預測直到現在都沒有實現。話雖如此，我們也不會說地震預測完全沒有意義這種話吧。

 是因為沒有其他值得信賴的依據，才不得不相信它？

 對。說到複迴歸方程式的預測，我突然想起一段難忘的回憶。

我曾經實際從經常負責預測零售店新開幕店鋪營業額的同事口中聽說，實際結果往往都會偏離預測值，而且偏離的幅度還非常大。

咦？既然這樣，那家零售店為什麼還會委託你們公司進行分析呢？

 若要開設新的店鋪，需要籌措資金並取得公司內部的共識。沒有人可以接受「只有開幕後才能得知實際營業額是多少，沒有辦法事先進行預測」這樣的說詞。

 這是當然囉。

 無論是否具備複迴歸分析等統計學方面的知識，大家都心知肚明，不可能有辦法準確預測未來的營業額。儘管明知如此，但如果在這種地方止步不前，事業就無法有所進

展，也難以說服相關人士。因此，「雖然推導出來的複迴歸方程式似乎不可盡信，但仍選擇相信複迴歸方程式的預測」。

 原來如此。不過話說回來，如果預測值屢屢偏離實際結果的話，通常也不會有客戶願意再委託這家公司來幫忙做營業額分析了吧⋯⋯？？？

 根據我剛才提到的同事自身說法，他們的工作不光只是預測營業額，好像還會在新店鋪開幕之後過去幫忙各種大大小小的事情。

 難道是為了讓營業額盡可能地離預測值更接近一些？（笑）

這樣一來，看到這副景象的客戶也會認為「哇，原來你們公司會協助到這種程度啊！」而感動不已，於是下次又會委託我們進行分析。

日本還真是個好國家～（笑）。

說到國家，如果某個國家的教育部長大力提倡「為了提升國力，應該讓孩子多讀一點書」，因而把龐大的稅金花在小學、國中、高中的圖書館上，你對這個做法會如何解讀？

我感受到一絲絲危險的氣息。

豈止一絲絲，簡直是太糟糕了。因為「孩子多多讀書就能提升國力」這樣的假設，徹頭徹尾是教育部長自以為是的想法，根本沒有證據可以證明。

說起來，「國力」的具體含義本來就解釋得不清不楚。如果不是「國力」而是「學力」的話，我還多少可以理解。不，仔細想想，「學力」的意思似乎也很模糊……。

像「孩子多多讀書就能提升國力」這種沒有確切根據，僅憑不食人間煙火的大人物一時興起就付諸實行的情況，在現實生活中並不罕見。而且事後對於是否真的有其效果的驗證，也做得非常草率。

讓我們摒棄這種隨心所欲的做法，利用資料來進行實證吧，這時複迴歸分析等統計學的知識就能派上用場。

如果辛辛苦苦收集了資料進行分析，結果卻不夠精確，這時該怎麼辦？

確實有可能會遇到這種情況。不，遇到這類情況的頻率恐怕比想像中還要頻繁得多。

然而，作為論述起點的資料都在自己的手上，因此也可以讓其他人用不同的分析方法來處理，或者所有人集合起來討論，總之要如何改善都沒問題。我們必須放眼未來，進行具有建設性的討論。

我希望能夠透過本書，**盡可能地讓更多的人學會這種根據資料來思考各種事物的感覺。**

確實有些大人物的想法完全不值得多花時間討論，但就像資深員工憑自身累積經驗所獲得的直覺，類似那樣的東西不也很有價值嗎？

這是當然了。不過，說得好聽點是靈機一動，嚴格說來只能算是一時的想法，所以千萬不能照單全收，別忘記要用資料來進行實證。

我明白了。

本書所有的課程就在這裡畫下句點。

 非常謝謝您的指教！

➡️ 所謂的「迴歸分析」，是分別準備相當於「因」和「果」的變數 x 和 y，計算出充分掌握兩者之間關係的公式 $y = ax + b$，這個公式叫作「迴歸方程式」，這種分析方法就是讓我們利用迴歸方程式來預測 y 值。

➡️ 「複迴歸分析」是指具有兩個以上相當於「因」的變數的迴歸分析。

➡️ 迴歸分析和複迴歸分析不僅能預測單一數值，也能做出「差不多落在▲以上、◆以下的範圍內」這類具有一定範圍的預測。

➡️ 「判定係數」是用來表示迴歸方程式和複迴歸方程式精準度的指標，標記為 R^2。

➡️ 統計學並非萬用的魔法，它無法揭露世上所有的真相。

➡️ 最好養成根據資料來思考各種事物的感覺。

什麼是統計假設檢定？

什麼是統計假設檢定？

原以為本書所有的課程就到此結束，但高橋老師似乎還想另外補充說明一小段內容……。

⇨ 在結束所有課程之前……

 哎呀，我這幾天真的獲益匪淺。
老師，要不要去喝一杯慶祝一下？

 鄉先生，可以再給我30分鐘嗎？

 咦？可以是可以。

 我趁這個機會補充說明一下**「統計假設檢定」**，它的內容非常簡單。

 我記得在第一天的課程中，的確有稍微提到統計假設檢定。

 對。統計假設檢定是統計學中具有代表性的分析方法。一般入門書通常都會拿它當成壓軸的部分，在學術論文等方面也經常會用到。

那您為何會把如此重要的統計假設檢定留到最後才補充呢？

理由有三個。第一個原因在於，它的數學計算很困難。
其次，即使克服數學方面的障礙，其分析結果也不是一蹴而就的。

咦!?

最後一個原因是，對於不是從事研究工作的人來說，幾乎不會用到這種分析方法。

商務人士也不會用到？

嗯，應該沒有什麼使用的機會吧。
不過它卻是一種有助於我們學習數據素養的方法。在看到統計假設檢定的結果之後，能夠理解這個結果代表什麼意思，我認為大家最好都具備這方面的知識。

因此這次的說明，將會把重點放在提升大家的素養水準上。

我明白了。

➪ 推論假設是否正確

統計假設檢定可以用**「推論分析者對母體提出的假設是否正確的分析方法」**這樣一句話來形容。

例如？

 「東京都私立大學的住宿生和福岡縣私立大學的住宿生，一個月的平均生活費是否存在差異？」我們可以根據樣本資料來推論這樣的假設是否正確。

順帶一提，統計學的假設檢定有許多類型，比如「母體平均數差的檢定」、「單因子變異數分析」、「獨立性檢定」等。

 我們使用時該如何區分呢？

 根據建立的假設來決定。所以，正如一開始提到的，統計假設檢定從數學上來看具有相當的難度，但它的步驟和目的卻非常單純。

檢定的過程是由兩個步驟所組成。

① **依照統計假設檢定的類型，將樣本資料代入規定的公式，轉換為一個數值。**

	變數1	變數2	⋯
鳥越先生	17	90	⋯
木村先生	15	48	⋯
⋮	⋮	⋮	⋮

代入 ↓

 公式

轉換 ↓

5.28

② 由於已有應該與「①轉換後的值」進行比較的「標準值」，因此可以確認這兩個值之間哪個比較大。如果標準值比較小，可以做出「對立假設正確」的結論；如果標準值比較大，可以做出「不能認為虛無假設有誤」的結論。

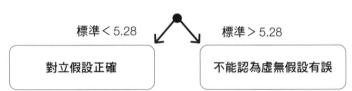

標準 < 5.28	標準 > 5.28
對立假設正確	不能認為虛無假設有誤

 在步驟②中進行二選一，就是統計假設檢定的目的。

 喔喔。話說回來，「不能認為虛無假設有誤」這種雙重否定的說法，不能直接說成「虛無假設正確」嗎？

 你錯了。硬要說的話，大於標準值的分析結果代表「虛無假設有可能正確，也可能不正確，難以一口斷定」的意思。

 這也太曖昧了（笑）。
話說「虛無假設」和「對立假設」到底是什麼？

 我來說明一下。根據統計假設檢定的類型，虛無假設和對立假設在學術上是事先決定好的。

以「東京都、大阪府和福岡縣私立大學的住宿生一個月的平均生活費是否存在差異？」這個題目為例，若想要推論這個假設

221

是否正確，使用「單因子變異數分析」這種統計假設檢定來進行分析比較合適。

在這個例子中，單因子變異數分析的虛無假設和對立假設如下。

虛無假設	3個母體的平均數相等
對立假設	3個母體的平均數「不」相等

我想想……如果標準值比較小，就表示「對立假設正確」，亦即「3個母體的平均數不相等」。換言之，三個地方的私立大學住宿生，平均生活費都不同。

如果標準值比較大，就表示「不能認為虛無假設有誤」，所以「3個母體的平均數相等」這個假設有可能正確，但也很可能不正確。

這樣很麻煩耶！

容我稍微離題一下。認真學習統計假設檢定的過程中，經常會出現「P 值」這個概念。如果想在不考慮嚴謹性的情況下大膽進行說明的話，也可以在 P 值小於 0.05 時做出「對立假設正確」的結論；P 值大於 0.05 時做出「不能認為虛無假設有誤」的結論。

附帶一提，第一天上課時提到的「P < 0.05」（→20頁）中的「P」就是 P 值。

言歸正傳。我們也可以利用Excel來進行單因子變異數分析。以剛才的東京都、大阪府和福岡縣私立大學住宿生的生活費金額為例，試著進行分析。每組樣本各5人，共計15人。

東京都	大阪府	福岡縣
8.6	6.9	6.9
8.7	7.4	7.8
9.5	7.3	8.2
9.9	7.5	8.3
10.2	9.1	9.7

Excel可以幫助我們輕鬆進行單因子變異數分析。和先前介紹的迴歸分析一樣，選擇「資料」頁籤，在「分析」欄中選擇「資料分析」。

 嗯嗯。

 在分析選項中選擇「單因子變異數分析」。

 好的，我選好了。

 於「輸入範圍」欄中指定資料。勾選「類別軸標記在第一列上」後，其他地方保持不變，按下確定鍵即可。

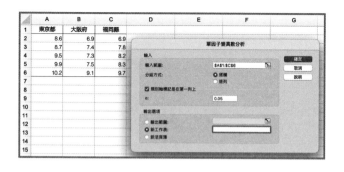

↓

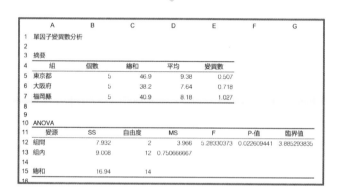

 喔喔，Excel太厲害了！

 請留意兩個表格中最下面的表格。「5.2833…」是將樣本資料代入公式後得到的值，用來比較大小的標準值則是「3.8852…」。

因為標準值比較小，表示「對立假設正確」；換句話説，我們可以做出「3個母體的平均數不相等」的結論。

 喔，母體的分析沒想到竟然如此簡單地就能完成，統計假設檢定明明就很方便嘛。

確實乍看之下十分便利。

不過呢，我們雖然做出「3個母體的平均數不相等」的結論，卻無法得到更詳細的資訊來說明究竟是哪個母體的平均數最大或最小吧。

經您這麼一說……。

先前提到的「統計假設檢定的分析結果不是一蹴而就」，就是指這個部分。更進一步說，單因子變異數分析的**虛無假設「3個母體的平均數相等」，從常理來看，在現實世界中是不可能成立的，這一點不管有沒有進行單因子變異數分析大家都很清楚。**

我突然注意到一件事！或許可能會出現大致相等的情況，但3個母體的平均數完全相等，在現實生活中根本就不可能出現。既然這樣，那統計學假設檢定的目的又是什麼？

目的是為了**提及母體的狀況。**

喔喔，是這樣啊。因為只統計樣本的話就只能討論樣本的情況吧。這麼一說我就懂了……。

……那麼老師，那個、呃、還有關於這方面的話題嗎？

沒了，我正想說到這裡。

啊，太棒了。那我們就去喝一杯慶祝吧（笑）。

後記

　　看到這篇「後記」的人，代表您已經將這本書從頭到尾讀完了一遍。我要向大家說一聲辛苦了！

　　統計學可說是一門深奧的學問，只要有學習的心，這裡永遠有挖不完的寶藏。話雖如此，我也不可能把所有的內容都硬塞進本書當中，這樣做只會讓好不容易才對統計學產生興趣的讀者感到喘不過氣，甚至半途而廢。因此，我把重點集中在只要瞭解這些知識，就能對世界產生不同的看法，這是我所努力的目標。

　　我在第一天的課程中就曾斷言：「那些在國高中階段時就不擅長數學、出了社會後也和數學保持距離的人，如今才想要從零開始學習統計學，希望能運用各種分析方法來處理資料，這無疑是癡人說夢、難如登天！」我自認這句話確實說得有點重。

　　我想說件關於我個人的私事，請大家耐心看下去。我記得那時是國中二年級的五月，我不幸罹患嚴重的闌尾炎。當時向學校請了兩個星期的病假，後來出院後便跟不上學校的課業了。更糟糕的是，正值叛逆期的我，別說努力趕上課業，我根本就是把讀書這件事完全拋在腦後。

　　每天就這麼渾渾噩噩地度日，直到國中三年級第一學期的數學考試中考得一塌糊塗，我才驚覺再這樣下去會影響到自己的未來，並以此為契機，開啟我的學習之路。順帶一提，當時的我，就連

$$8 \times (-5)^2 \quad 和 \quad 8 \times (-5^2)$$

的區別都搞不清楚。即使是數學那麼糟糕的我，如今也多少能夠理解統計學了。

希望大家能以本書為契機，試著將注意力放在——

● 電視節目的收視率，實際上是如何計算出來的？

● 關於傳染病，不報導「 $\dfrac{接受檢查的人當中陽性的人數}{接受檢查的人數}$ **」，而只報導其分子「接受檢查的人當中陽性的人數」，這樣不是很奇怪嗎？譬如** $\dfrac{7}{10}$ **和** $\dfrac{7}{10000}$ **，兩者之間的區別可說是天差地遠！**

這類日常生活中不經意的小事上。如果有人能在閱讀這本書的過程中燃起像「我還想更進一步學習統計學！」這樣的熱情，對我來說沒有比這更值得高興的事了。

2020 年 8 月

高橋 信

迴歸方程式的推導

　　就如同第 187 頁所述，

$$y = ax + b$$

的迴歸方程式中，a 和 b 的公式分別為：

・ $a = \dfrac{S_{xy}}{S_{xx}}$

・ $b = \bar{y} - \bar{x}a$

　　a 的分母 S_{xx}，是 x 的平方和，分子 S_{xy} 是 x 和 y 的乘積和。

　　接下來將介紹推導出 a 和 b 公式的過程。此外，後面的說明中會出現好幾次下列公式的轉換，這種轉換叫作**配方法（Completing the square）**，大家應該都曾經在國中時學過。

$$
\begin{aligned}
Ax^2 - 2Bx + C &= A\left\{x^2 - 2\left(\frac{B}{A}\right)x\right\} + C \\
&= A\left\{x^2 - 2\left(\frac{B}{A}\right)x + \left(\frac{B}{A}\right)^2 - \left(\frac{B}{A}\right)^2\right\} + C \\
&= A\left\{\left(x - \frac{B}{A}\right)^2 - \left(\frac{B}{A}\right)^2\right\} + C \\
&= A\left(x - \frac{B}{A}\right)^2 - A\left(\frac{B}{A}\right)^2 + C
\end{aligned}
$$

1. 推導

限於篇幅，與本書的「第7天課堂」不同，這裡使用下表的資料進行說明。

	x	y
α	5	13
β	7	17
γ	11	19
合計	23	49
平均	$\bar{x}=\dfrac{23}{3}$	$\bar{y}=\dfrac{49}{3}$

迴歸方程式中 a 和 b 的公式，可以通過下面的STEP 1到STEP 3推導出來。

⇨ STEP1 依照下表進行計算

	x	實際值 y	預測值 $\hat{y}=ax+b$	殘差 $y-\hat{y}$	殘差平方 $(y-\hat{y})^2$
α	5	13	$a\times5+b$	$13-(a\times5+b)$	$\{13-(5a+b)\}^2$
β	7	17	$a\times7+b$	$17-(a\times7+b)$	$\{17-(7a+b)\}^2$
γ	11	19	$a\times11+b$	$19-(a\times11+b)$	$\{19-(11a+b)\}^2$
合計	23	49	$23a+3b$	$49-(23a+3b)$	S_e
平均	$\bar{x}=\dfrac{23}{3}$	$\bar{y}=\dfrac{49}{3}$	$\dfrac{23a+3b}{3}$ $=\bar{x}a+b$	$\dfrac{49-(23a+3b)}{3}$ $=\bar{y}-(\bar{x}a+b)$	$\dfrac{S_e}{3}$

$$S_e=\{13-(5a+b)\}^2+\{17-(7a+b)\}^2+\{19-(11a+b)\}^2$$

※迴歸分析是根據**最小平方法**的理論，將 S_e 最小的 a 和 b 所構成的直線，定義為迴歸方程式。

S_e 如前面所述，計算如下：

$$S_e = \{13-(5a+b)\}^2 + \{17-(7a+b)\}^2 + \{19-(11a+b)\}^2$$

S_e 的第 1 項 $\{13-(5a+b)\}^2$ 經過整理之後，得到：

$$\begin{aligned}\{13-(5a+b)\}^2 &= 13^2 - 2\times13\times(5a+b)+(5a+b)^2\\ &= 13^2 - 2\times13\times5a - 2\times13\times b + (5a)^2 + 2\times5a\times b + b^2\\ &= b^2 - 2(13-5a)b + (5a)^2 - 2\times5\times13a + 13^2\end{aligned}$$

同樣整理第 2 項和第 3 項，得到：

- $\{17-(7a+b)\}^2 = b^2 - 2(17-7a)b + (7a)^2 - 2\times7\times17a + 17^2$
- $\{19-(11a+b)\}^2 = b^2 - 2(19-11a)b + (11a)^2 - 2\times11\times19a + 19^2$

因此，作為這 3 項之和的 S_e，可以整理如下。

$$S_e = 3b^2 - 2(13 - 5a + 17 - 7a + 19 - 11a)b$$
$$+ (5^2 + 7^2 + 11^2)a^2 - 2(5 \times 13 + 7 \times 17 + 11 \times 19)a + 13^2 + 17^2 + 19^2$$
$$= 3b^2 - 2(49 - 23a)b + C$$

$$= 3\{b^2 - 2(\frac{49 - 23a}{3})b\} + C$$

上一行的第 3 項到第 7 項與 b 無關，所以用 C 這個符號來取代。

$$= 3\{b^2 - 2(\bar{y} - \bar{x}a)b\} + C$$
$$= 3\{(b - (\bar{y} - \bar{x}a))^2 - (\bar{y} - \bar{x}a)^2\} + C$$
$$= 3(b - (\bar{y} - \bar{x}a))^2 - 3(\bar{y} - \bar{x}a)^2 + C$$

$C = (5^2 + 7^2 + 11^2)a^2$
$\quad - 2(5 \times 13 + 7 \times 17 + 11 \times 19)a$
$\quad + 13^2 + 17^2 + 19^2$

因此，使 S_e 最小的 b 為：

$$b = \bar{y} - \bar{x}a$$

STEP 3　將 STEP 2 中整理的 S_e 的 a 配成完全平方，求使 S_e 最小的 a

在 STEP 2 的階段中，S_e 的最小值為：
$$S_e = -3(\bar{y} - \bar{x}a)^2 + C$$
我們可以整理如下。

$$S_e = -3(\bar{y} - \bar{x}a)^2 + C$$
$$= -3\{(\bar{y})^2 - 2 \times \bar{y} \times \bar{x}a + (\bar{x}a)^2\} + C$$
$$= -3(\bar{y})^2 + 6\bar{x}\bar{y}a - 3(\bar{x}a)^2$$
$$+ (5^2 + 7^2 + 11^2)a^2 - 2(5 \times 13 + 7 \times 17 + 11 \times 19)a + 13^2 + 17^2 + 19^2$$
$$= (5^2 + 7^2 + 11^2 - 3(\bar{x})^2)a^2 - 2(5 \times 13 + 7 \times 17 + 11 \times 19 - 3\bar{x}\bar{y})a$$
$$+ 13^2 + 17^2 + 19^2 - 3(\bar{y})^2$$

■第1項的整理

$$5^2+7^2+11^2-3(\overline{x})^2=5^2+7^2+11^2-3\left(\frac{5+7+11}{3}\right)^2$$

$$=5^2+7^2+11^2-\frac{(5+7+11)^2}{3}$$

$$=(5-\overline{x})^2+(7-\overline{x})^2+(11-\overline{x})^2$$

$$=S_{xx}$$

於P.114介紹過的轉換

■第2項的整理

$$5\times13+7\times17+11\times19-3\overline{x}\overline{y}$$

$$=5\times13+7\times17+11\times19-3\overline{x}\overline{y}-3\overline{x}\overline{y}+3\overline{x}\overline{y}$$

$$=5\times13+7\times17+11\times19$$

$$-3\left(\frac{5+7+11}{3}\right)\overline{y}-3\overline{x}\left(\frac{13+17+19}{3}\right)+3\overline{x}\overline{y}$$

$$=5\times13+7\times17+11\times19$$

$$-(5+7+11)\overline{y}-\overline{x}(13+17+19)+\overline{x}\overline{y}+\overline{x}\overline{y}+\overline{x}\overline{y}$$

$$=(5\times13-5\overline{y}-13\overline{x}+\overline{x}\overline{y})+(7\times17-7\overline{y}-17\overline{x}+\overline{x}\overline{y})$$

$$+(11\times19-11\overline{y}-19\overline{x}+\overline{x}\overline{y})$$

$$=(5-\overline{x})(13-\overline{y})+(7-\overline{x})(17-\overline{y})+(11-\overline{x})(19-\overline{y})$$

$$=S_{xy}$$

■第3～6項的整理

$$13^2+17^2+19^2-3(\overline{y})^2=13^2+17^2+19^2-3\left(\frac{13+17+19}{3}\right)^2$$

$$=13^2+17^2+19^2-\frac{(13+17+19)^2}{3}$$

$$=(13-\overline{y})^2+(17-\overline{y})^2+(19-\overline{y})^2$$

$$=S_{yy}$$

於P.114介紹過的轉換

換言之，S_e 經過整理，得到：

$$S_e = S_{xx}a^2 - 2S_{xy}a + S_{yy}$$

我們還可以進一步整理如下。

$$
\begin{aligned}
S_e &= S_{xx}a^2 - 2S_{xy}a + S_{yy} \\
&= S_{xx}\left\{ a^2 - 2\left(\frac{S_{xy}}{S_{xx}}\right)a \right\} + S_{yy} \\
&= S_{xx}\left\{ \left(a - \frac{S_{xy}}{S_{xx}}\right)^2 - \left(\frac{S_{xy}}{S_{xx}}\right)^2 \right\} + S_{yy} \\
&= S_{xx}\left(a - \frac{S_{xy}}{S_{xx}}\right)^2 - S_{xx}\left(\frac{S_{xy}}{S_{xx}}\right)^2 + S_{yy}
\end{aligned}
$$

因此，使 S_e 最小的 a 為：

$$a = \frac{S_{xy}}{S_{xx}}$$

2. 判定係數

從上一節的 STEP 3 可以看出，S_e 最終的最小值為：

$$S_e = -S_{xx}\left(\frac{S_{xy}}{S_{xx}}\right)^2 + S_{yy}$$

進行移項後，得到：

$$S_{yy} = S_{xx}\left(\frac{S_{xy}}{S_{xx}}\right)^2 + S_e$$

而右邊的第 1 項為：

$$
\begin{aligned}
S_{xx}\left(\frac{S_{xy}}{S_{xx}}\right)^2 &= S_{xx}a^2 \qquad\qquad \text{根據第 233 頁，} \frac{S_{xy}}{S_{xx}} = a \\
&= \{(5-\bar{x})^2 + (7-\bar{x})^2 + (11-\bar{x})^2\}a^2 \\
&= (5-\bar{x})^2 a^2 + (7-\bar{x})^2 a^2 + (11-\bar{x})^2 a^2 \\
&= \{(5-\bar{x})a\}^2 + \{(7-\bar{x})a\}^2 + \{(11-\bar{x})a\}^2 \\
&= \{(5a+\bar{y}-\bar{x}a)-\bar{y}\}^2 + \{(7a+\bar{y}-\bar{x}a)-\bar{y}\}^2 + \{(11a+\bar{y}-\bar{x}a)-\bar{y}\}^2 \\
&= \{(5a+b)-\bar{y}\}^2 + \{(7a+b)-\bar{y}\}^2 + \{(11a+b)-\bar{y}\}^2 \qquad \text{根據第} \\
&= \{(5a+b)-\bar{\hat{y}}\}^2 + \{(7a+b)-\bar{\hat{y}}\}^2 + \{(11a+b)-\bar{\hat{y}}\}^2 \qquad \text{231 頁，} \\
&= S_{\hat{y}\hat{y}} \qquad\qquad\qquad\qquad\qquad\qquad\qquad\qquad\qquad\quad \bar{y}-\bar{x}a = b
\end{aligned}
$$

$$\bar{y} = \bar{x}a + (\bar{y}-\bar{x}a) = \bar{x}a + b = \frac{23}{3}a + b = \frac{(5a+b)+(7a+b)+(11a+b)}{3} = \bar{\hat{y}}$$

可以改寫成上述式子。因此，

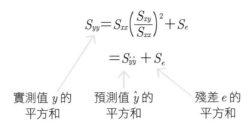

$$S_{yy} = S_{xx}\left(\frac{S_{xy}}{S_{xx}}\right)^2 + S_e$$

$$= S_{\hat{y}\hat{y}} + S_e$$

實測值 y 的　　預測值 $\hat{y}$ 的　　殘差 e 的
平方和　　　　平方和　　　　平方和

等號兩邊都除以 S_{yy}，得到：

$$1 = \frac{S_{\hat{y}\hat{y}} + S_e}{S_{yy}}$$

$$= \frac{S_{\hat{y}}}{S_{yy}} + \frac{S_e}{S_{yy}}$$

右邊的第 1 項 $\frac{S_{\hat{y}\hat{y}}}{S_{yy}}$，也就是「預測值 $\hat{y}$ 的平方和占實測值 y 的平方和的比例」，即為第 194 頁介紹的**判定係數**。通常是以 R^2 這個符號來表示。經過整理，得到：

$$R^2 = \frac{S_{\hat{y}\hat{y}}}{S_{yy}}$$

$$= 1 - \frac{S_e}{S_{yy}}$$

此外，複迴歸分析不僅會以判定係數來判斷精準度，也經常參考下面這個稱為**自由度調整後的判定係數**的值。

$$R^{*2} = 1 - \frac{\left(\dfrac{S_e}{\text{個體的個數} - x_i\text{的個數} - 1}\right)}{\left(\dfrac{S_{yy}}{\text{個體的個數} - 1}\right)}$$

因為判定係數具有 x_i 的個數愈多，數值就會愈大的性質。

【作者簡介】

高橋信

◉──1972年出生於新潟縣。日本九州藝術工科大學（現為九州大學）研究所畢業，專攻藝術工學研究科資訊傳達。曾在民間企業從事數據分析和研討會講師等業務，後來擔任大學兼職講師和兼職研究員。目前是以作家的身分活動，同時也應企業和大學邀請積極舉辦演講。

◉──明明沒有人拜託，也沒有拿給其他人看的打算，卻在學生時代製作出適合國高中生使用的數學教材。

◉──主要著作包括《世界第一簡單統計學》、《世界第一簡單貝氏統計學》、《世界第一簡單線性代數》（均為世茂出版）。這些著作也被翻譯為瑞典語、義大利語、俄語等多國語言版本。

個人網站：http://www.takahashishin.jp/

【學生】

鄉和貴

◉──1976年出生。是大家公認的純文組人，國中時代就對數學頭痛不已，上了高中後正式宣告挫敗。對數字特別一竅不通，往往受到類似的數據所欺騙。目前是一名照顧小孩的奶爸，也是每個月寫一本書的作家。

◉──代表著作有《真希望國中數學這樣教：暢銷20萬冊！6天搞懂3年數學關鍵原理，跟著東大教授學，解題力大提升！》（美藝學苑社）等書。

DATABUNSEKI NO SENSEI !
BUNKEI NO WATASHI NI CHOUWAKARIYASUKU TOUKEIGAKU WO OSHIETEKUDASAI !
Copyright © 2020 Shin Takahashi
Copyright © 2020 KANKI PUBLISHING INC.,
All rights reserved.
Originally published in Japan by KANKI PUBLISHING INC.,
Chinese (in traditional character only) translation rights arranged with
KANKI PUBLISHING INC., through CREEK & RIVER Co., Ltd.

文組都會的簡明統計學

出　　　版／楓葉社文化事業有限公司
地　　　址／新北市板橋區信義路163巷3號10樓
郵 政 劃 撥／19907596　楓書坊文化出版社
網　　　址／www.maplebook.com.tw
電　　　話／02-2957-6096
傳　　　真／02-2957-6435
作　　　者／高橋信、鄉和貴
翻　　　譯／趙鴻龍
責 任 編 輯／江婉瑄
內 文 排 版／楊亞容
校　　　對／邱鈺萱
港 澳 經 銷／泛華發行代理有限公司
定　　　價／400元
初 版 日 期／2022年4月

國家圖書館出版品預行編目資料

文組都會的簡明統計學 / 高橋信、鄉和貴
作；趙鴻龍翻譯. -- 初版. -- 新北市：楓葉
社文化事業有限公司, 2022.04
面；　公分

ISBN 978-986-370-383-9（平裝）

1. 統計學

510　　　　　　　　　　　　110020913